内地
社会工作实务手册
香港督导经验汇编

香港·社会服务发展研究中心　主编

家庭社会工作实务手册

JIATING SHEHUI GONGZUO
SHIWU SHOUCE

香港·社会服务发展研究中心　著

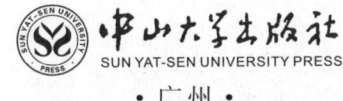

·广州·

版权所有 翻印必究

图书出版编目（CIP）数据

家庭社会工作实务手册/香港·社会服务发展研究中心著. —广州：中山大学出版社，2013.6

（内地社会工作实务手册：香港督导经验汇编/香港·社会服务发展研究中心　主编）

ISBN 978-7-306-04401-3

Ⅰ. ①家… Ⅱ. ①香… Ⅲ. ①家庭生活－社会服务－中国－手册 Ⅳ. ①D632-62

中国版本图书馆CIP数据核字(2012)第309717号

出 版 人：	徐　劲
策划编辑：	葛　洪
责任编辑：	葛　洪
封面设计：	曾　斌
装帧设计：	林绵华
责任校对：	曾育林
责任技编：	何雅涛
出版发行：	中山大学出版社
电　　话：	编辑部 020-84111996，84113349，84110779，84111997
	发行部 020-84111998，84111981，84111160
地　　址：	广州市新港西路135号
邮　　编：	510275　　传　真：020-84036565
网　　址：	http://www.zsup.com.cn　E-mail:zdcbs@mail.sysu.edu.cn
印 刷 者：	广州市怡升印刷有限公司
规　　格：	787mm×1092mm　1/16　11.25印张　140千字
版次印次：	2013年6月第1版　2013年6月第1次印刷
印　　数：	1～5000册　　　　定　价：33.00元

如发现本书因印装质量影响阅读，请与出版社发行部联系调换。

《家庭社会工作实务手册》
编委会成员及鸣谢名单

编委会
周敏姬　梁祖彬　李永伟　武婉娴　范楚汉

鸣谢
深圳社会服务机构及社工

特别说明

业内通常将社会工作者、社会工作一并简称为"社工",循此惯例,本书行文间未对二者加以严格区分,一律简称"社工",特此说明。

内容介绍

● 家庭社会工作是"以儿童为中心,家庭为本,社区为基础",针对个人或家庭需要提供全面的"一站式服务";采取积极的外展方法,提供多层次、灵活的服务,有效地整合利用社区资源,是家庭社工服务的本质

● 图文并茂地介绍建立全新家庭服务中心的具体步骤

● 从机构和社工层次,指导家庭社工如何与不同人士建立合作关系

● 介绍家庭服务中的挑战及反思
    1. 建立社会工作保障制度
    2. 提升专业工作水准
    3. 资源整合

● 中国家庭服务中常见个案类型及处理方式
    1. 虐童个案
    2. 婚姻冲突个案

3. 危机介入个案
4. 亲子管教问题个案
- 小组：妇女自强互助小组
- 家庭服务中大型社区活动

前言

自党的十六届六中全会提出"建设宏大的社会工作人才队伍"任务以来,内地社会工作即开始步入蓬勃发展的轨道。2010年,国务院又明确提出要培养造就一支职业化、专业化的社会工作人才队伍,到2020年使我国社会工作人才总量达到300万人。关于社会工作一系列重大方针政策的出台,无疑标志着我国的社会工作正在迎来一个蓬勃发展的真正春天。

但事实上,内地社会工作依然处于起步阶段,服务使用者对于社会工作或者有所顾虑,或者未必愿意使用,社会工作者的专业角色、专业身份也难以得到应有的肯定。因而,就目前内地社会工作的发展而论,无论是政府、社工机构还是前线社工,都尚存在诸多迷茫。那么,究竟应该如何定义社工,社工到底又该扮演何种角色呢?

所谓社工,乃是系统接受过社会工作专业训练,包括社工价值及理念、个案/小组/社区工作方法及技巧、社会心理学、社会学、统计学、社会行政管理等训练的人员。就其属性而言，社工是一种需要付出有偿劳动的专门职业，通过对人的需要、人与社会不同系统之间互动关系的能动理解，以科学的步骤、计划、方式，介入服务对象的问题理解、问题解决过程，以提升其问题解决能力，并通过促进社会环境的改善而使人生活得更加幸福和谐。在实务工作中，社工担负着诸如危机评估者、倡导者、协调者、经纪人、教育者、赋权者、研究者、辅导者、策划者、关怀者及资源审批者等多重专业角色。究其本质，社会工作者不仅根本区别于"工、青、妇"等组织的工作人员，而且也不等同于民政工作者，更不同于街道、居委会工作人员。因而，突破传统理念的束缚，建设宏大的现代社会工作人才队伍，对于内地社工事业而言，是一项任重而道远的事业。

经过长期不懈的努力，以中西荟萃的政治、经济、文化为发展背景的香港地区，已经较为成功地建立了一套现代社会服务模式，并建立了较为成熟的专业社会工作体系。值

前言

此内地社会工作发展的春天来临之际,加强社会服务经验交流、促进社会服务工作配合,充分发挥香港作为内地改革开放"桥头堡"作用,无论是对香港地区还是对内地社会服务事业发展都会有莫大的裨益。

促进香港与内地社会福利服务的交流和发展,是社会服务发展研究中心(以下简称"社研")成立的根本宗旨。自2008年起,"社研"便与深圳市社会工作者协会就"深圳计划"展开合作。通过组织香港社会服务机构的资深社工赴深圳为社工提供督导服务,"深圳计划"已经取得了良好成效。受人力及地域等因素的限制,为全国提供督导服务并完成国务院2010年所提出的至2020年培养300万名专业社会工作人才的任务,对于至2011年11月1日仅拥有16608名注册社工的香港而言,几乎是难以完成的使命。针对近年来内地已经出版涉及社会工作各服务领域的很多理论著作,但实务技巧指导书籍相对缺乏的实际情况,"社研"组织此次参与内地督导计划的香港督导集结经验，专门为内地社工、督导与机构编撰成《内地社会工作实务手册：香港督导经验汇编》（以下简称《实务手册》）。这套《实务手册》暂为6册，包括"禁毒"、"学校"、"医务"、"家庭"、"社区"社会工作及"正向心理学"，随后其他社会工作领域实务手册也将陆续问世。在阐述相关服务领域基本理论知识的基础上，这套《实务手册》格外强调经验、实务技巧及案例的分享。使阅读这套《实务手册》的任何一位社工，基本掌握社会工作实际服务手法并能推行服务，是"社研"编撰、出版这套《实务手册》的基本目的。

　　这套《实务手册》大致采用了统一的编撰体例。具体来讲，《禁毒社会工作实务手册》、《学校社会工作实务手册》、《家庭社会工作实务手册》、《社区社会工作实务手册》和《医务社会工作实务手册》，都是从介绍社会工作及该领域服务的发展背景入手，循序详细阐述了该领域社工的目的、角色、价值、工作范围、服务对象及服务内容，领域

社工机构与派驻人员的管理及权责，领域社会工作的考虑要素、挑战及反思，建立服务的过程及主要步骤，领域社会工作的行政要求，领域社会工作成效评估体系，以及社工如何与不同领域及专业人士合作等内容。特别需要指出的是，这套《实务手册》都提供了典型个案、小组和活动分享，并附有香港督导的细致点评，以期使前线社工与督导有所借鉴和参考。《正向心理学实务手册》则在介绍"全人乐·乐传人"培训项目发展背景、目的、理论与意义、服务计划与实践之外，附带了培训工作坊讲义与作业，以便使读者有如同亲自参加工作坊、理解和运用正向心理学的感受。

以"一册在手，良师益友"为指导思想，"社研"编撰这套《实务手册》的根本目的是，为香港和内地业界同仁和单位共同深化社会工作专业发展、推动社会福利服务，发挥抛砖引玉的作用。

序一

中华人民共和国民政部　罗平飞副部长

作为许多国家和地区深化社会服务、创新社会管理、加强社会建设的一项重要制度安排，专业社会工作的兴起和发展，是人类文明进步的一个重要标志。发展专业社会工作，加强专业社会工作人才队伍建设，是中央政府在深刻总结国内外经济社会发展经验、全面把握我国社会发展阶段性特征的基础上，从国家发展全局出发实施的一项重大举措。

近年来，在中央政府高度重视和大力推动下，内地专业社会工作政策制度日益健全、体制机制不断完善、试点实践渐趋深入、载体平台逐步夯实、水平评价稳步推进、教育培养快速发展。专业社会工作在维护社会公平正义、倡导诚信友爱、调节社会关系、激发社会活力、保障社会秩序等方面的职能作用日渐显现。随着《关于加强社会工作专业人才队伍建设的意见》和《社会工作专业人才队伍建设中长期规划（2011—2020年）》的发布实施，内地专业社会工作正迎来新的发展机遇、进入新的发展阶段。而如何切实贯彻落实国

家关于专业社会工作的整体部署和政策要求，加快引进先行国家和地区的经验，尽快提升专业社会工作实践水平，不仅是当前和今后一个时期内地社会工作发展所面临的一项重要任务，也是需要着力破解的一道重大难题。

香港是中国乃至世界专业社会工作发展水平较高的地区。香港社会工作界积极参与内地专业社会工作事务，在合作实施专业社会工作服务项目、协助督导社会工作专业人才、促进专业社会工作实务发展等方面，为内地做了大量工作，创造了不少具有内地风格、体现内地特点的鲜活经验。总结、提炼这些好的经验，对于指导内地专业社会工作发展，显然具有非常重要的意义。作为相对系统而全面地总结、梳理、提炼了内地专业社会工作实务经验的一项有益尝试，社会服务发展研究中心策划编撰的《内地社会工作实务手册：香港督导经验汇编》，是适应内地专业社会工作实践发展需求的一项创新性探索。相信这套《内地社会工作实务手册》的出版，必将进一步丰富内地专业社会工作的研究成果、提升内地社会工作的实务水平。

2011年11月

序二

中央人民政府驻香港特别行政区联络办公室社会工作部
张铁夫部长

值此全国"两会"召开之际，社会服务发展研究中心的又一力作——内地《社会工作实务手册：香港督导经验汇编》（以下简称《实务手册》）。这套《实务手册》的出版，不仅对于帮助内地社工成长具有重大意义，对于有志进入内地工作的香港社工也大有裨益，我谨在此表示衷心的祝贺。

经过多年不懈的努力，在推动香港与内地社会工作专业的交流与合作方面，社会服务发展研究中心因取得丰硕成果而屡获国家有关部门、地方政府，尤其是民政部门的好评。2007年至今，为配合国家大力推进社工人才队伍建设工作，"社研"团结香港业界力量，组织、派遣近百名资深香港社工督导，为深圳、东莞、广州等地提供督导及培训服务，极大地促进了上述诸地社工人才队伍建设，赢得了业界人士和内地有关部门的赞誉。凝聚"社研"辛勤劳动的汗水的内地

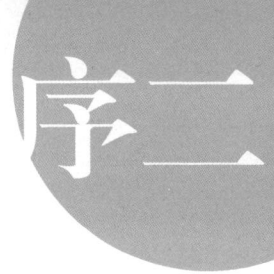

　　社工专业的快速发展，体现了香港同胞关心、支持祖国内地社会建设，服务内地同胞的诚挚感情，我对此深表敬佩。

　　这次社会服务发展研究中心组织参与内地服务的香港督导所撰写的《内地社会工作实务手册：香港督导经验汇编》，作为香港督导参与内地社工督导过程的经验总结，是继《先行先试：深圳社工专业闪亮点》一书之后的又一重大成果。旨在推行社会服务理论与规范的《实务手册》，涉及"禁毒"、"学校"、"医务"、"家庭"、"社区"五大社会工作领域以及"正向心理学"，既有理论阐述，更侧重实务技巧与案例分析，是这套《实务手册》的基本特色。这套《实务手册》深入浅出，一册在手，就能让从业者基本掌握专业操作方法，十分值得内地社会工作者悉心研读。

　　党的十六届六中全会将建设宏大的社会工作人才队伍确定为战略决策，而在民政部的推动下，内地各级政府近年来均在积极发展专业社会工作。而培养造就一支职业化、专业化的社会工作人才队伍，使全国社会工作人才总量在2020年达到300万人，已经被确立为国家的一项重要战略任务。由此可以预见的是，社会工作正迎来蓬勃发展的美好明天。在此，我衷心希望社会服务发展研究中心一如既往地团结界内有志机构和同工，进一步扩大与内地开展专业交流和务实合作的区域与范围，打造与内地真诚交流、务实合作的品牌。为此，我希望社会服务发展研究中心继续不懈努力，为深化内地及香港社会工作专业发展，推动社会福利服务事业作出新的更大贡献。

2011年11月

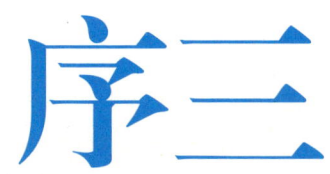

香港特别行政区政府社会福利署　聂德权署长

在2011年4月出版《先行先试：深圳社工专业闪亮点》至今的短短大半年间，社会服务发展研究中心又编撰了一套6册的《内地社会工作实务手册：香港督导经验汇编》（以下简称《实务手册》），共6册，就"禁毒"、"学校"、"医务"、"家庭"、"社区"社会工作及"正向心理学"六大社会工作范畴阐述了相关经验、实务技巧和案例。这套《实务手册》的出版，对于极为渴求实务操作知识的内地社会工作者来说，实在是一件难能可贵的事情。

香港的社会工作能够稳健发展，新旧社会工作者能够交替承传，新入职社会工作者可以顺利肩负起不同类别的社会工作，除了有赖资深督导人员的教导外，也十分倚重各类在业界广泛使用的程序指引及工作手册，它们使社工得以应付不同服务的要求。内地的社会工作刚刚起步，需要更多方面的专业化支持，包括督导人员、工作标准、程序指引和工作手册，以让社会工作者更易掌握社会工作理论在实务方面的应用，从而提升工作成效。今天，有赖香港经验丰富的督导人员，透过"深圳社工计划"及其在东莞及"珠三角"地区合作开展的社工培训计划，将他们宝贵的实战经验广泛流传，使内地更多社工能够更快地掌握基本的社会工作实际技巧，进而发挥所学，实践社会工作手法，助人自助，解决个人及社会问题。这套《实务手册》更难能可贵之处在于，将香港地区经验与内地的具体国情有机结合起来。以医务社会工作为例，在处理"三无"病患及内地医患矛盾的同时，也将香港"以儿童为重，家庭为本，社区为基础"的先进服务理念及"一站式服务"手法推展至内地。同时，这套《实务手册》十分重视成效评估，因而提供了详尽的标准和指标，以供社工实际应用。而值得特别一提的是，这套《实务手册》还加入了正向心理学元素，从而在强调处理病态问题的同时，更将社会工作对象延展至正常人。倡导正向心理的目的，乃是透过"全人乐·乐传人"理念，增强社会工作者及受助人的抗逆能力，使其建立积极乐观的人生态度。

　　这套《实务手册》，实在是香港社会工作督导人员辛劳努力的成果和智力心血的结晶。据此，也可以看出他们默默服务于内地专业社会工作的奉献精神及其为推动内地社会工作发展而敢于担当的责任感和使命感。在为这一崇高精神喝彩之余，我谨此向他们致以万分的敬意。最后，我也借此机会，感谢社会服务发展研究中心（"社研"）一直以来为推动内地社工督导和培训所付出的辛苦和努力。联系香港和内地社会福利界，拉近香港和内地社会工作者的距离，无疑是近年来"社研"的一以贯之的努力方向。为此，我衷心祝愿"社研"在向内地推展社会工作方面能继续取得更大的成就。

2011年11月

序四

深圳市社会工作者协会 李锦灶会长

首先,我热烈祝贺香港社会服务发展研究中心("社研")的大作——《内地社会工作实务手册:香港督导经验汇编》的出版问世!

承蒙"社研"邱浩波主席的厚意,邀我为该套手册撰写序言,感谢之至。我非专家学者,更非社会名流,充其量只是一位社会工作爱好者,顶多也只能算作一位热心于推动社会工作发展的实际工作者。本不够资格作序的我,出于合作伙伴的友情,不便推辞,只好滥竽充数。

香港在专业化社会工作和社会服务方面,已经积累了70多年的经验。而包括深圳在内的内地各省市,在这方面仅仅是刚刚起步。有幸的是,我们有香港经验可以借鉴,因而可以走些捷径。也就是说,我们可以站在巨人的肩膀上去攀登高峰。

"社研"一直致力于促进香港与内地社会服务机构的交流与合作,真诚协助内地发展社工专业服务。自2008年开始,"社研"即开始与本会携手合作实施"深圳社工计划",从而促进了深圳专业化社会工作的大发展,并使深圳成为引领内地社工制度创新城市,为全国起到了带头示范作用。借此机会,我谨以深圳社会工作协会会长的名义道一声:"香港社会服务发展研究中心的同仁们,感谢你们对我们的帮助和指导!"

我读了"社研"邱主席发来的关于《内地社会工作实务手册:香港督导经验汇编》(以下简称《实务手册》)简介的邮件,受益匪浅。这套《实务手册》共6册,包括"禁毒"、"学校"、"医务"、"家庭"、"社区"社会工作以及"正向心理学"。这套《实务手册》介绍了上述领域社工的专业操守、服务内容、工作范围、专业价值、评估标准、服务素质、服务流程和模式等。它不仅是一线社工、初级督导的指导教材,同时也是社工机构的管理指南,还可以说是广大社会工作者的良师益友。更难能可贵的是,这套《实务手册》能切实结合中国内地具体情况,以探索社会工作本土化这一重大命题,这无疑将对包括深圳在内的内地社会工作专业化、本土化进程起到巨大的推动和加速作用。

2011年11月

序五

社会服务发展研究中心主席 邱浩波太平绅士

一直以来，社会服务发展研究中心始终致力于推动内地及香港本地社会服务事业的发展。自2008年3月起，"社研"即开始与深圳市社会工作者协会合作实施"深圳社工计划"，先后组织香港的15间社会服务机构派出资深社工为深圳社工提供督导服务。这次深港两地的务实合作，使深圳分享了香港在社会工作实务及制度方面所积累的宝贵经验。截至目前，"社研"所派出的约60名香港社工督导，累计督导深圳社工已超过千人，而且已为深圳培养出了一批优秀的初级社工督导。在2011年10月21日专门举办的表彰大会上，"社研"、"深圳社工计划"的协办机构及香港督导的贡献，受到深圳市政府的正式表彰和高度肯定。尽管"深圳社工计划"已经取得了丰硕成果，但"社研"依然未敢稍加懈怠，而是刻不容缓地于广州、东莞以及内地其他地区，积极开展培养专业社工队伍的工作。上述的不懈努力，现均已初见成效。

序五

因为我们深知以文字保存这些珍贵工作经验的重要性，所以先于2010年4月出版了《先行先试：深圳社工专业闪亮点》。鉴于社会对该书反响十分热烈，而且内地业界对实务技巧指导书籍需求量也非常大等因素，故而"社研"再次组织编撰了这套《内地社会工作实务手册：香港督导经验汇编》（以下简称《实务手册》）。这套《实务手册》共6册，内容涉及"禁毒"、"学校"、"医务"、"家庭"、"社区"社会工作以及"正向心理学"，其他社会工作领域的实务手册也已纳入编撰出版规划。我们认为，尽管不是所有内地社工都有机会接受香港督导的培训，但这套《实务手册》完全可以协助内地社工掌握基本服务工作手法并在内地各省市开展社工服务。就其基本特征而言，《实务手册》实际上不是一套介绍香港社会服务的实务手册，而是切合内地实际情形和具体需求，融香港一般性实务技巧与香港社工督导在内地推行社会服务的本土化经验为一体，兼具本土化与专业性两大鲜明特征的实务手册。

在此，我要特别鸣谢不辞劳苦地贡献于国家的"社研"的相关人员、香港督导以及内地社工，还有这套《实务手册》编撰小组的成员们。如果没有你们的辛勤努力，就没有这套集结六大社会服务领域宝贵经验的手册的问世。最后，我还要诚恳地感谢支持并阅读这套《实务手册》的您！

2011年11月

目录

A 服务简介 /1

  1.1 社会工作发展背景 /2
      1.1.1 社会工作发展背景简述 /2
      1.1.2 内地社会工作发展背景 /4
      1.1.3 家庭社会工作发展背景 /6
      1.1.4 深圳家庭服务工作发展 /8
  1.2 家庭社工服务的目的、角色及工作范围 /10
      1.2.1 家庭服务的目的 /10
      1.2.2 家庭服务中的社工角色 /12
      1.2.3 家庭社工服务的工作范畴 /15
  1.3 家庭社工的服务对象 /19
  1.4 家庭社工机构与派驻人员的管理及权责 /22
  1.5 家庭社会工作的考虑要素、挑战及反思 /23
      1.5.1 考虑要素 /23
      1.5.2 挑战及反思 /25

B 服务提供——建立服务的过程及主要步骤 /27

  2.1 与谁联络建立工作关系 /28
      2.1.1 个案工作 /28

  2.1.2 个案服务流程 /34
  2.1.3 常见个案类型及处理方法 /35
 2.2 小组 /39
  2.2.1 小组类型 /39
  2.2.2 小组运作示例 /40
  2.2.3 小组运作指引 /44
  2.2.4 小组活动所面对的困难及解决方法 /47
 2.3 活动 /49
  2.3.1 活动概况 /49
  2.3.2 开展活动须注意的事项 /50
 2.4 如何推广及宣传家庭社会工作 /52
  2.4.1 主动与服务使用者联络及接触 /52
  2.4.2 建立鲜明形象，确立清晰定位 /53
  2.4.3 定期举办户外街坊咨询活动 /54
  2.4.4 参与社区大型宣教活动 /54

C 家庭社会工作的行政要求 /55

 3.1 人员配备 /56
 3.2 督导及社工的专业背景和相关经验 /56

3.2.1 前线社工/56
3.2.2 督导助理/57
3.2.3 见习督导/初级督导/59
3.3 办公室、设备等配置/62

D 家庭社会工作成效评估 /63

4.1 产出指标 /66
4.2 成效指标 /69
4.3 服务时间（中心开放时间）/70
4.4 质素监管和服务质素标准 /70
    4.4.1 一般服务质素标准简介/70
    4.4.2 工作流程中能实行的服务质素监管/71
    4.4.3 建立服务流程和模式/73
    4.4.4 建立规章制度和相关表格系统/87
    4.4.5 建立安全制度/94
4.5 有效运用及调配资源 /102
    4.5.1 社工层面/102
    4.5.2 机构层面/103
4.6 社工与其他服务人员的培训及继续教育 /104

E 家庭社工如何与不同人士建立合作关系 /107

5.1 机构层面——与用人单位确立工作方向 /108
5.2 社工层面——主动了解用人单位的服务范围 /109
5.3 预定并设计项目 /110

F 小组活动分享 /111

6.1 活动分享一：小组活动 /112
    6.1.1 小组游戏对服务成效起着十分重要的作用 /112
    6.1.2 游戏设计要考虑组员的特性 /113
    6.1.3 游戏时间要合理，每节一个游戏即可 /113
    6.1.4 游戏的设计要考虑组员的安全 /114
    6.1.5 游戏最后要分享总结 /114

6.2 活动分享二：大型活动 /117
    6.2.1 大型活动设计 /118
    6.2.2 活动经费 /119
    6.2.3 充足的前期准备 /119
    6.2.4 资源运用 /120
    6.2.5 活动评估及成效 /121

6.3 活动分享三：社区宣传 /122

6.4 活动分享四：社工团队建设 /124
    6.4.1 团队的目标/124
    6.4.2 团队的力量/125
    6.4.3 团队的定位/126

G 典型个案 /127

7.1 个案范例 /128
    7.1.1 个案背景及介入/128
    7.1.2 个案分析及进展/132
    7.1.3 目标达成度/137
    7.1.4 社工运用的技巧/137
    7.1.5 督导意见/138

7.2 小组范例 /140

附录 与家庭服务相关之法律法规 /149

A

服务简介

1.1 社会工作发展背景

1.1.1 社会工作发展背景简述

　　社会工作发源于英国，再扩展至美国及世界各地。就英美等西方国家而言，社会工作起源于社会救助、救济工作和慈善活动，后逐渐演变成一种以提供社会服务为主的职业。以1601年伊丽莎白《济贫法》颁布实施为标志，英国政府便开始正式介入针对特殊群体的救助、保障和福利事业的组织与管理，此乃政府提供社会服务的正式开端。

　　欧美国家的社会工作起源于19世纪末的各种志愿性、慈善性、专职性社会救助事业。如英国在1869年成立的慈善组织协会（COS），运用针对个人问题的个案工作方法，其中"安置运动"和"青年俱乐部运动"所使用的工作形式，可被看做小组社会工作模式的雏形。皇家义务医院于1895年开始雇用专职施赈人员，甄别哪些患者能够承担医疗费，哪些

A 服务简介

患者需要免费救助，这些医院施赈人员便是医务社会工作者的前身。住宿照顾社会工作，则起源于救助被遗弃儿童的志愿组织。

19世纪以后，社会服务和社会工作在演变过程中渐趋职业化、专业化和专门化。社工所提供的社会服务，日益渗透到社会各个领域和人群。专门化的服务分类，例如家庭和儿童福利、老人服务、康复服务、青少年服务、社区服务、医务服务和犯罪辅导等逐渐应运而生。服务覆盖面逐渐广泛，服务方法专门化，专业介入开始成为正式职业。社工必须经过专业训练并通过专业资格认证，才能注册成为专业社会工作者，而注册后的职业身份是受法律保护的。

1.1.2 内地社会工作发展背景

为实现构建社会主义和谐社会战略目标，在党的十六届六中全会通过的《中共中央关于构建社会主义和谐社会若干重大问题的决定》中，明确提出了"建设宏大的社会工作人才队伍"的战略决策。中共中央首次提出社工人才队伍建设思想，从根本上为各地推进社会工作试点奠定了思想基础。

2007年，中共深圳市委、市政府出台《关于加强社会工作人才队伍建设推进社会工作发展的意见》等"1+7"系列文件（以下简称《意见》），以指导促进社会工作人才队伍的职业化、专业化、社会化。《意见》提出，作为改革开放的"试验田"和"排头兵"，深圳应当在社会建设，包括社会工作方面带头落实中央决策，切实把加强社会工作人才队伍建设、推进社会工作发展作为一项全局性战略任务。加快推进步伐，力争取得较大突破，是《意见》的根本着眼点。《意见》随即成为深圳推进社会工作的规范性文件。

深圳社会工作试点，于2007年8月正式开始。通过"政府支持引导，民间运作"社会工作模式的创建，深圳市政府在

A 服务简介

积极扶持民间社工机构建设的同时，始终致力于规范社工机构的发展方向。立足于社会工作不同发展阶段，积极探索并不断创新发展社会工作的政府扶持方式，是深圳市政府推进社会工作试点的基本手段。向民间社会工作机构购买岗位服务，是深圳市政府扶持社会工作的早期形态，而资助公益项目，岗位社工和项目社工齐头并进，则是试点后期政府扶持民间社会工作机构，促进社会工作发展的主要方式。到2011年7月，深圳已有民间社工机构44家，包括岗位社工和项目社工在内，全市注册社工已发展至1022名。社工服务也已由区扩展到街道乃至社区，呈现出不断深入发展的基本态势，遍及全市的专业化社会工作网络已经初步形成，服务工作则遍及民政、司法、教育、卫生、社区、信访、计生、人民调解、残疾人、老人、妇儿、禁毒等广泛社会工作领域。

　　同时，深圳市政府利用毗邻香港的优势，积极学习香港成熟的社工经验。通过引入香港专业督导，一方面协助社工机构加强专业团队建设；另一方面加强对一线社工的专业指导，促进本土社工实务能力提升。香港督导通过对社工督导助理、见习督导的培训，培养本土督导人才，大大促进了本土社工人才队伍建设，并指导制定了《社工机构行为规范指引》、《社工机构评估办法》、《社工行为准则》、《社工行业投诉处理办法》等规范性文件，形成社工制度监管体系。

1.1.3 家庭社会工作发展背景

家庭社工服务在西方国家的发展已有100多年的历史，大部分服务内容起源于地方社会发展的需要。起初，社会工作者在一些慈善组织中协调救济活动，在接受救济物品者和发送物品者之间充当第三方。逐渐地，社会工作者也采用个案手法处理个别家庭的问题，或采用小组手法组织并发展家庭中青少年和幼儿服务。后来，为了满足地方社会中对健康服务和就业发展的需要，防肺痨运动、健康教育、失业救助服务及地区发展计划等，也被纳入家庭社工服务范畴。因此，家庭服务可以说是在满足地方社会居民家庭所需过程中统筹

A 服务简介

发展起来的。与此同时,具有针对性的个案、小组和社区工作等介入手法,伴随这一过程被逐渐开发出来。

长期以来,中国的妇女儿童工作一直由各级妇女联合会(以下简称"妇联")承担。在专业化的社会工作自西方传入中国之后,因在妇联工作中融入专业社会工作元素,而使其服务逐渐发生转变。在2006年10月中共十六届六中全会通过的《关于构建社会主义和谐社会若干重大问题的决定》所提出的"造就一支结构合理素质优良的社会工作人才队伍,是构建社会主义和谐社会的迫切需要"思想指导下,培养社工人才,配置社工岗位,迅速成为妇联服务领域的一个基本的新的发展主题。以2007年底深圳被确定为全国社会工作人才队伍建设试点城市为契机,深圳市妇联开始承接社会工作试点任务,并先后启动了"阳光妈妈"及"阳光家庭"服务项目。2008年,第一家阳光家庭综合服务中心开始运作,这无疑是社会工作在家庭服务领域中发展的一个新的里程碑。

1.1.4 深圳家庭服务工作发展

2007年底,深圳市妇联承接社会工作试点任务,随即启动了"阳光妈妈"、"阳光家庭"服务项目。2008年深圳已在全市建立"阳光妈妈"就业基地26个,安排1169名就业困难的户籍妇女就业,开始引起社会的广泛关注。随后,"阳光妈妈"项目继续延伸和拓展,并在福田、南山、龙岗3个区开展创建阳光家庭综合服务中心试点工作,加快引进社工,使其以团队方式运作,并聘请香港督导开展督导。这是阳光家庭综合服务中心的基本运作方式。

2004年8月,深圳市罗湖区成立了深圳市罗湖区家庭暴力防护中心(以下简称"家暴中心"),联合区中9个成员单位,包括公安局、检察院、卫生局、民政局等,共同组建家庭暴力防护机制。2007年罗湖区妇联承接了社工项目,并在家庭暴力防护中心编入社工团队和香港督导。2009年全市首创"反对儿童暴力"服务项目,家暴中心社工制定了《虐待

A 服务简介

儿童个案社工指引》，建立个案通报制度，并运用个案、小组与活动三大方式处理虐儿问题。目前，深圳市家庭社工服务的主要模式可以分为如下三类：阳光家庭综合服务中心；特定主题的家庭服务中心，如市妇联和罗湖区妇联创立的家庭暴力防护中心；由分散在各街道妇联部门或是社区工作站的家庭服务社工所承担的家庭服务项目，如罗湖区的单亲家庭服务项目及龙岗区街道家庭服务项目。

第一、二类服务的推展，均通过中心社工团队来实施，由市妇联或区妇联负责协助落实中心选址；第三类服务的推展，则由分派到各街道妇联的不同服务点的社工负责，实施这类服务的社工，需要配合街道妇联工作，并由街道妇联主席、社工机构及督导三方实施行政管理和服务监督。

1.2 家庭社工服务的目的、角色及工作范围

1.2.1 家庭服务的目的

以儿童为中心，以家庭为本位，以社区为基础，针对个人和家庭的需要提供全面、整体和一站式服务，是家庭社工服务的目的。家庭社工服务覆盖面很广，它既关心个人也关注家庭，而有效利用社区资源，采取积极主动的外展方法，提供多层次、灵活的服务，是家庭社工服务的本质内涵。深圳市妇联《关于深圳市阳光家庭综合服务中心标准化建设规范的通知》，将阳光综合家庭服务中心的服务目的确定为如下几项：

（1）针对儿童在不同时期的成长需要，提供多元化家庭生活教育服务，强化家庭功能，为儿童健康成长营造良好的环境。

A 服务简介

（2）关注身处困境的妇女、儿童和家庭，及早辨识、介入，以帮助他们增强社会功能，自主处理生活困境，恢复正常生活状态。

（3）建立相关社区支持网络，整合社会资源。

（4）为面临困境及危机的家庭提供调解、心理辅导及危机预防等服务，舒缓个人及家庭压力，防止问题恶化或悲剧发生。

（5）预防虐待儿童事件发生，即通过一系列服务，帮助虐待儿童事件中的受害人及其家人克服创伤，重建健康生活。

1.2.2 家庭服务中的社工角色

表1.1 家庭服务中的社工角色

危机评估者	对个人和家庭危机个案做出充分的危机评估,评估危机指标及致命因素,以便作出适当的临床判断和介入
倡导者	根据弱势群体的需要,充当倡导者。例如,面对一个受虐妇女因为法律或社会制度方面的问题而未能得到适当的保障,社工需通过不同渠道反映该妇女诉求,包括通过与政府部门合作,并以媒体作为倡导工具和途径,寻求政策或制度上的改变
协调者	协调指通过系统方式把相关因素或职能部门组织起来,如在民政、妇联等部门之间作出协调,以形成良好的合作网络;在服务对象与政府部门之间,社工也可以充当协调者,以促进双方的良好沟通;了解方方面面的需求,努力促成互利互惠、多方合作
经纪人	把那些需要接受服务而不知道到哪里去寻找资源的案主,与其所需的资源联系起来,发挥桥梁作用。例如,当家暴受助人不知道该往哪里寻找法律援助时,社工可向其介绍法律援助相关资料,或向受助人介绍社保、医保等资源

A 服务简介

续表1.1

教育者	主要负责家庭生活教育，即运用人生阶段理论、需求理论及家庭系统理论等帮助受助人，以使其履行每个发展阶段的不同任务，适应改变，应付特别需要和压力，提高家庭功能
赋权者	通过改变案主的情况，改善个人与家庭、群体与社区之间的关系，增强其经济、社会和政治方面的力量与影响。主要包括：协助其理解自己生活所在的环境，协助其对生活方式做出选择，协助其承受所做选择可能带来的结果，协助其通过呼吁和参与有组织的活动改善自己的生活环境，致力于在不同群体之间公平地分配资源和权利
研究者	持续评估实务工作成效，发掘社会问题及解决方法，通过研究提升开展社会工作实践的专业能力
辅导者	为求助人提供适当的心理咨询和辅导，务求运用专业心理辅导方法帮助求助人走出困境

续表1.1

策划者	作为服务的策划者，社工需要每年设计全年的服务计划，并在每个月策划详细的服务内容
关怀者	需要与民政、妇联等部门携手，持续关怀当地的弱势群体，特别是加强对低保贫困户的关注，为他们提供适当的服务
资源审批者	协助政府部门，对需要申请资源的求助者做出评估，务求使资源合理到户、公平分配

A 服务简介

1.2.3 家庭社工服务的工作范畴

在家庭社工服务中，社工的主要工作任务是立足社区，为居民提供常规性和针对性的服务。具体而言，就是从综合服务理念出发，落实社会工作，遵循从补救、预防到发展的理想化服务模式，扎根特定社区，深入民间社群，迅速响应当地市民的困扰和需要。家庭社工的主要工作方式包括个案工作、热线辅导、小组工作、社区外展工作、主题活动和社工义工联动等。

1. 个案工作

个案工作主要指社工为求助者在个人或家庭问题上提供心理辅导和家庭治疗。个案问题主要涉及恋爱、婚姻、家庭暴力、家庭关系、经济或育儿管教等。

2. 热线辅导

热线辅导是指社工通过求助者的来电咨询，获取个案资料，并及时给予帮助和实时辅导。社工需要以值班方式来接听热线电话，以保证电话随时有人接听。同时，社工需要具备接听电话、相关法律和危机处理知识，尽量记录来电者的资料，尤其是需要简单记下来电者的需求和问题，以便日后跟进。如有需要，社工将通过回访来跟进来电者情况。

3. 小组工作

小组工作是指社工通过促进小组互动和提高小组凝聚力，调控小组的运作与功能以引导组员的改变，进而实现小组教育和治疗功能。小组工作大致可分为开放式与封闭式小组、发展性小组和治疗性小组等类型。

■开放式小组。如"四点半学堂"，就是以开放的形式吸纳16:30放学的学生至中心参与做功课的小组活动。

■封闭式小组。如"情商管理游戏小组"，即以封闭形式开展一个以6个儿童为单元的情商管理游戏小组。

■发展性小组。如"青少年自我认识小组"就是以封闭方式开展一个以6个青年为单元的自我认识、人际交往发展性教育小组。

■治疗性小组。如"互爱妇女小组"，就是以封闭方式邀请曾受虐待的妇女来参与为期7节的互助性治疗分享小组。

A 服务简介

尽管目前家庭服务中心开展的小组活动已经呈现出多元化趋势，但作为刚开设的机构，服务中心应考虑在发展性小组方面多花点工夫。而在个案工作中，如若遇到问题类型相同的案主如受虐妇女，则可以治疗性小组方式，把案主集中起来，使其在小组中得到相互间的支持，以便发挥小组力量协助其相互解决问题。

4. 社区外展工作

社区外展工作是指社工走出工作驻点为社区提供服务的工作形式。常用的手法包括定时家访、与社区工作站一起组织活动、进驻学校提供服务、与社区中的老人中心等合作、协助街道妇联和民政部门至孤寡低保家庭慰问探访等。

5. 主题活动

社工为达到宣传拓展、凝聚社区、家庭教育、主题推广、资源联动等目的而举办的各种主题活动。就规模而言，社工所举办的主题活动主要可分为超过200人的大型活动，或20～50人不等的中小型活动。活动场地可以在家庭服务中心、社区或学校，户内和户外均可。一般来说，社工筹备活动应尽可能争取多方资源或与其他单位合作。如社工想要筹备一个户外嘉年华，则须在征得街道妇联或社区工作站同意的前提下，先物色一个合适的场地，并通过与街道合作获得音响、座椅等设备方面的资源。

6. "妇工+社工+义工"之 三工联动

深圳市妇联编写的《妇女社会工作实务——以深圳为例》中指出，妇工、社工和义工是社区服务的三股重要力量，它们各具优势，可以取长补短。妇工的职责是主导、引导和推动专业社会工作理念和方法的学习与引进，培育妇女服务组织，探索新的服务模式，从而转变妇联的传统工作方式；而阳光家庭服务中心的社工的主要职责是运用专业知识和手段，为社区居民提供长期、系统和优质的专业服务；义工则是一种弥补社工力量不足的宝贵社会资源。

7. 社工义工联动

义工又称志愿者，是中国内地的一种庞大社会资源，其组织形态也相对成熟。在家庭服务领域，社工可以通过与义工联动，借助义工来协助服务的推广。在以家庭服务中心的

A 服务简介

名义招募、管辖义工时，社工需考察义工参与义务活动的动机。其可以是个人学习和成长、获取个人内在满足感、结识朋友并获得他人肯定，或者是承担社会责任并获得社会的认可，等等。顺应这些动机，为义工安排相应的活动，提供个人成长培训课程、义务工作技巧训练等，是社工义工联动的根本所在，而定期举办义工嘉奖活动、使义工的付出获得社会认可，也是激励义工的主要手段之一。目前，已开展的成年义工活动和培训包括阳光义工队拓展培训、义工队戏剧表演等；少年义工队伍活动和培训则包括阳光少年军之小义工队计划等。组建小义工团队，为其提供社会实践和服务社会的平台，促进小义工的全面发展，是小义工队计划的立足点。

1.3 家庭社工的服务对象

由"以儿童为中心，家庭为本位，社区为基础"这一家庭服务的根本原则所决定，妇女和儿童是家庭服务的基本对象，社区里的居民、青少年、孤寡人群等，都在其服务对象的范畴之内，其中儿童和青少年则是家庭服务的主要对象。功课辅导，或"四点半"学校、儿童小组之类的服务，是家庭服务中心的常规服务内容。

妇女是家庭社工的重点服务对象，当前深圳家庭服务中心为妇女举办的活动和小组，已包括亲子小组、同行者妇女小组等，求助妇女，通常都面临着婚姻生活、家庭暴力、子女管教及情绪压力等问题的困扰。以个案手法介入的社工服务，在必要时会联系案主的丈夫或家人，从而将整个家庭纳入社工服务对象范畴。

"以中心为本服务"和"学校外展"，是深圳目前已经开展的针对青少年的两种服务。其中"以中心为本服务"是在家庭服务中心内设计吸引青少年的活动和小组；而"学校外展"则是指与学校合作，为学生设计相对应的服务，处理网瘾、吸毒等青少年行为不端问题。这是深圳家庭服务中心社工已经开展的主要项目。依循以家庭为本位的家庭社会服务的根本宗旨，家庭治疗理论将家庭视为一个系统。在该理

A 服务简介

论看来,一个家庭成员出现问题,将直接或间接地牵连家庭的其他成员,甚至有可能破坏整个家庭的功能;反之,家庭功能失调,家庭沟通出现问题并恶性循环,是导致家庭成员出现问题,尤其是青少年问题的根本原因。因此,家庭社工应将青少年确立为家庭社会工作的重点对象,并以各种方式去发现和满足他们的需要。

孤寡人群、单亲家庭成员也是目前家庭服务的主要对象。家庭服务中心社工,应经常连同社区工作站或妇联干部等,探访社区内的弱势家庭,通过关爱来发掘他们的需要,从而以个案工作手法或是家庭治疗方式介入弱势家庭的问题处理过程。

1.4 家庭社工机构与派驻人员的管理及权责

根据深圳市妇联关于《深圳市阳光家庭综合服务中心标准化建设规范的通知》，家庭服务中心与用人单位之间，是提供与购买专业服务关系，家庭服务中心与用人单位和其他社区组织在行政上不相隶属，维护各方的相互支持与配合是这一关系的本质。各级妇联组织负责管理家庭服务，家庭服务中心在行政上和服务上接受妇联的指导与支持。服务中心内部，则由社工机构派驻组长、督导助理等负责行政管理事务，而社工机构所派出的初级督导或见习督导，则在专业工作方面指导和监管服务中心。社工机构与用人单位合作时需要注意的事项大致可归结为：①分工明确，职责清晰；②多沟通，避免因多头管理所导致的前线社工接受的指令混乱模糊；③在经费和资源运用方面，建立制度化的管理和合作平台；④共同建构社会工作理论，累积社会服务经验；⑤在社工督导及评核方面多做沟通；⑥共同创新服务方向和服务理念。

A 服务简介

1.5 家庭社会工作的考虑要素、挑战及反思

1.5.1 考虑要素

1. 培训及强化前线社工的专业能力

伴随经济的腾飞，中国的社会服务工作领域被逐渐孕育并于近年步入快速发育期。由于目前绝大部分前线社工，都是刚从学校毕业的新秀，因而洞悉社工在机构与用人单位之间的关系，从而确立专业身份和专业自我，提升专业自主与专业自信，是目前思考社工专业发展的根本要素。

作为开展工作的基本前提，社工应初步了解用人单位的工作，如果可能，还可通过实地考察，了解其发展历程、组织架构及对社会工作的认识；社工机构则需要向新进社工提供前线培训和督导，包括举办个案、小组、大型活动讨论会，提供各项活动计划书、年度计划检讨、撰写程序培训等。

2. 为用人单位妥善配置社工

前线社工的工作，基本由社工机构指派。通常情况是，当用人单位需要社工支持时，社工机构便应指派社工为其提供相应的服务。事实上，部分社工的能力或经验，通常未必能胜任用人单位所需要的服务。以家庭暴力中心为例，处理复杂且危机介入技巧要求较高的个案，显然超出了一个新进社工的能力和经验范畴，因而在聘用前线社工时，机构需对该社工的背景有所了解，清楚其过去的前线工作经验，了解其工作意向及其在工作技能、技巧方面的特长，并据此为其指派项目和单位。唯有将社工指派到其感兴趣的工作领域，方可发挥其特长从而有利于社工成长，同时也是完成用人单位委托项目的基本前提和根本保障。

3. 内地社工的长远发展

虽然中国内地的官方机构已经以提供晋升机会为核心，为社工发展制定了一套发展规则，但由于不同机构在社工晋升方面实行的标准并不一致，因而社工依然普遍纠结于对自身职业前途、命运彷徨心理之中。最突出的现象是，前线社工会就机构与机构之间的待遇做比较。当此社会工作快速发

A 服务简介

展之际，机构普遍面临着人才流失问题。因此，为前线社工的长远发展，机构必须为一些有经验的前线社工提供有明确标准的专业发展、职位晋升机会，让有能力的社工人才持续为机构服务，同时还应致力于培养新生力量。

1.5.2 挑战及反思

1. 建立社工保障制度

虽然社工在深圳的发展前景不俗，但在前线社会工作者保障问题上，却缺乏明确而统一的制度安排和待遇标准。其中，对于前线社工而言，薪酬标准无疑是其最为敏感也最为重要的保障。构建一个稳定、合理的薪酬体系，不仅是直接影响乃至左右前线社工工作投入度的心理基础，而且也是主导社工长远的专业化发展的心理机制。因此，做好自身的财政预算，建立稳定的薪酬制度，是提升前线社工工作投入度和专业发展愿景的根本保障。

2. 提升专业工作水平

内地社会工作尚处在起步阶段，大部分前线社工对专业工作发展依然感到陌生，有些甚至对如何在用人单位发挥应有作用感到无所适从，新进社工尤其如此。尽管目前有香港社工督导的指导，但这毕竟只是过渡性支持。因而，社会工作专业水平的提升，在很大程度上有赖于社工机构大力开展培训工作，而充分利用社会各界力量或者联合其他机构开展社工专业培训，都是提升社工专业水平的必要手段。

3. 资源整合

前线社工到不同用人单位工作，需向其交代自己的工作或报告有关工作安排。该过程犹如面对多人问责或报告，其繁杂程度是可以想见的。机构与用人单位之间，可简化为前线社工表现评估及意见反馈机制，以减少多头管理所带来的问题，尤其减少因行政工作程序所带来的烦扰，由此可使前线社工的工作时间及精力得到有效利用，可以更多地用于处理个案并提供专业服务。

服务提供
——建立服务的过程及主要步骤

2.1 与谁联络建立工作关系

2.1.1 个案工作

1. 个案来源

目前的家庭服务个案来源主要有以下两种类型：

（1）服务对象主动求助。

（2）由社区工作站、街道妇联、公安部门或学校等机构转介。

2. 个案问题类型

服务对象的求助问题，主要可以归纳为以下几类：

- 计划生育
- 法律法规或政策问题
- 心理问题

B 服务提供
——建立服务的过程及主要步骤

- 情绪问题
- 婚姻调解或离婚
- 子女管教
- 邻里纠纷
- 家庭暴力或虐待个案
- 户口问题
- 黄赌毒问题
- 寻求法律援助
- 婆媳问题
- 经济困难
- 青少年子女行为或是成瘾问题

3. 注意事项

目前的家庭服务个案，主要来自案主主动来访、热线电话及有关部门或其他领域社工，如学校社工等转介。开立个案时，必须征得案主同意，并与其商定辅导形式和约见次数等内容。如果案主对开立个案有不明白之处或感到忧虑，社工需向其做出适当的解释，并就一些重要原则如保密、尊重等向其做出明确承诺和保证，以减低其疑虑和担忧。对于危机介入个案，社工则须立即向上级督导和领导报告，并实时与有关部门合作，以便适时介入。

  与求助者达成辅导协议，是建立工作关系的前提。一般来说，以信访或热线电话方式与社工建立联系的求助者，不一定愿意与社工建立稳定而长期的辅导关系，其根本原因是一般民众尚不了解社会工作，对社工会存有疑虑或芥蒂，或者害怕深入面谈后会带来对自己不利的后果，有些甚至会误以为社工就是政府官员，害怕其介入自己的家事。因此，建立辅导关系之际，社工必须首先向求助者解释辅导的目的和过程，并向其承诺保密等原则，在完全征得求助者同意后方能开立个案并持续跟进。

B 服务提供
——建立服务的过程及主要步骤

如果求助者涉及家庭暴力、司法，尤其是与民事、刑事有关的法律问题，社工必须尽早与有关部门沟通交流，将其视为个案关系网络中的重要成员，这些机构主要包括社区工作站、街道妇联、公安或司法机构等。与这些机构合作，以处理案主所遭遇的法律问题，是一种必要的手段。建立工作关系时应注意以下主要事项：

■贝斯提克（Felix Biestek，或译为"比斯台克"）的《个案工作关系》一书认为，个案工作关系的基本定义是，"有目的地协助案主达到个人与环境良好调适境界的、一种个案工作者与案主之间在态度与情绪上的动态互动"。对这种互动，他也提出了七大原则："个别化；有目的的情感表白，有控制的情绪涉入，接纳，非判断的态度，案主自决及守密。"贝斯提克所提出的这七个工作原则，实际上成为后来建立专业化的个案社会工作关系的基本准则。

■ 个案工作基本流程是开案—初期评估—订立介入计划—与案主定期面谈—持续评估—结案。进行个案辅导期间，社工必须按机构个案管理办法，填写个案工作所需的表格及文件并定期提交督导审阅指导。

■ 结案原因一般有三种：目标达成、问题解决、案主要求退出服务，案主意外身亡或是搬迁。社工对案主情况做出评估，并在征得案主、社工督导同意的情况下方可结案。

■ 检讨常被认为是终结阶段最重要的工作，在检讨过程中，社工需要留意收集证据，检讨介入或程序绩效。受助者也将从检讨过程中学习到解决问题的方法和策略，清楚辅导所取得的进展、检查问题是否已解决、需求是否得到了满足等。检讨是社工向案主和社会交代的一种方式，通过检讨，社工要向财政来源机构、服务机构、用人单位及社会表明社会工作的作用及功能。

B 服务提供
——建立服务的过程及主要步骤

■ 个案辅导方法，包括个别面谈、家庭治疗面谈和家访等。完成四次或以上面谈，才算是一个完整的个案处理过程。如果因为某种原因，社工不能全面介入个案或是安排面谈，该个案只可被视为咨询。

■ 在个案工作中，社工应始终坚持以人为本原则，以接纳、不批判的态度与案主沟通，给案主以积极的心理支持。通过支持和主动倾听，使案主感受到社工的真情关怀。同时，社工更应真切地表达对案主能力的信心和对其成就的欣赏，并对案主表达同感与同理心，让案主体会到真实的安慰而不再感到孤单无助。

2.1.2　个案服务流程

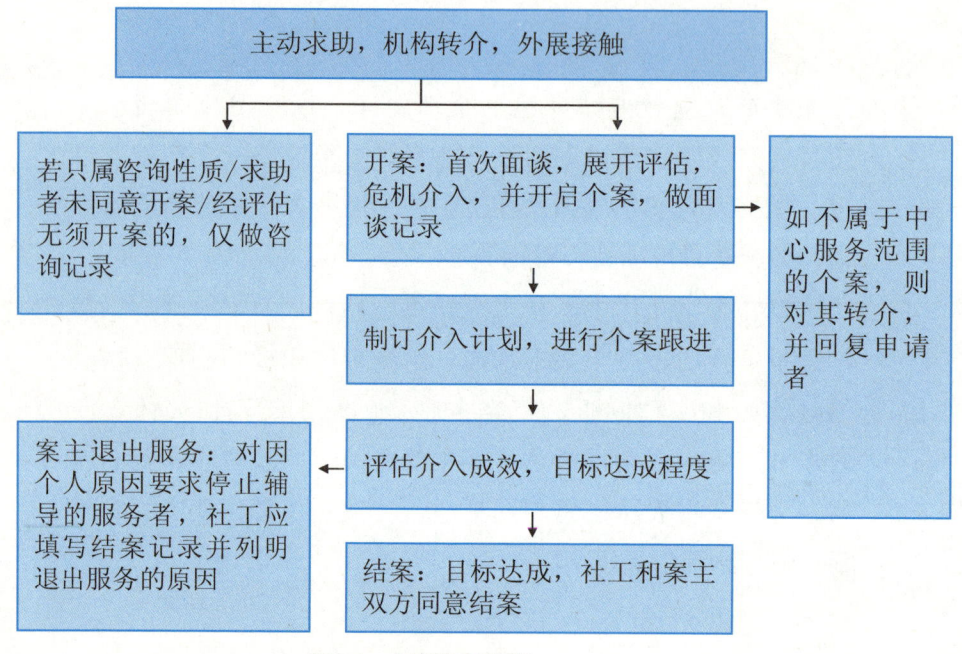

图2.1　个案服务流程

个案工作表(共5种)：

A(1)——个案接访记录表；

A(2)——个案基本资料表；

A(3)——个案访谈记录表；

A(4)——个案结束表；

A(5)——个案转介表。

2.1.3 常见个案类型及处理方法

1. 虐儿个案

■ 对于虐待儿童案件的来电和来访都要开个案，并列为紧急类个案，需在三天内做出首次跟进。

■ 接获虐待儿童案件来电或来访的当天，即向上级和督导汇报个案，并填具和送呈"虐待儿童通报表"。

■ 社工必须亲自面见受虐儿童，若看见儿童有身体伤痕，或听见通报者说儿童身体受伤，则应敦促家长带儿童去医院就诊和验伤。

■ 用相机拍摄儿童伤势时，需先征得通报者的同意，并向其说明相片仅用于记录，且会遵守保密原则。

2. 婚姻冲突个案

婚姻方面的问题，以离婚个案最多，主要问题涉及妇女受丈夫暴力对待的处理方法、离婚手续、子女抚养权、离婚诉讼和金钱赔偿等。

在实际工作中，不少来访者即使想离婚，也会因为孩子而面对不少内心挣扎。诸如丈夫有赌博恶习、不给孩子生活费、婆媳纠纷等，都可能是离婚的导火线。

对于家庭暴力个案，社工需适时介入，包括适时联络来访者居住的社区工作站，联络其有关亲戚协助调解家庭纷争。社工还应向来访妇女提供一些正确的保护方法，诸如建议来访者保留相关证据、直接到医院验伤等。对于婚外情个案，社工则应建议来访者先理解婚姻中彼此的关系，将疑心转为关注，包括关注所谓第三者的情况及其与丈夫之间的关系等，以免发生不必要的误会及冲突。必要时社工还可协助双方进行调解，了解夫妻双方对问题的看法，找到彼此间矛盾的焦点，或者协助舒缓双方的情绪。

B 服务提供
——建立服务的过程及主要步骤

3. 危机介入个案

危机个案包括服务对象意外受伤、家庭变故、失业、家庭暴力、突然患上严重疾病、自杀等。危机处理是一种短期治疗方式与过程，专门用于个人心理与社会价值观暂时失衡的案主，目的是协助其重构人格调适能力与社会功能。危机个案的治疗目的是减低变故带来的实时压力影响，调动案主的潜在心力、体力、人际关系及社会资源，去应付突遭变故的情境，以减低变故带来的实时压力影响。由于危机调适是短期而快速的，所以社工需要同时进行资料搜集、评估及处理安排，并通过探究案主过往惯用的应变途径，实时地应对及处理问题。因危机压力往往使案主感到极度崩溃、无助、焦虑、害羞、耻辱而产生敌意，尤其是个人危机抗衡能力消失，所以在危机情境中，社工应给案主以实时的情绪支持，迅速有效地实施服务，使案主的危机压力得以释放，并恢复其自我危机抗衡能力。处理危机个案时，社工需首先实时响应受助者眼前的需要，然后再逐步深入探寻根本性问题。例如，一位受虐妻子眼前最需要的或许是找一个临时庇护所，但社工却忽视了这一点，而是把关注重点仅仅局限于其婚姻问题，这显然是不恰当的。

4. 亲子管教问题个案

亲子管教问题也是家庭服务中心经常碰到的个案问题。这一问题大致包括上学、成绩、网瘾、结交朋友、毒品接触、留守儿童、子女照顾等诸多类别。而由父母管教方法不一而导致双方争吵，则容易引发家庭问题。诸多求助家长都会一味地将责任归咎于子女，主要是责备他们懒惰、不听话或是反叛。接案社工，必须先深入了解问题的本质，然后从家庭沟通、亲子相处、夫妻关系等方面去深入调查，以发掘问题的实质，诸如是否存在家庭系统混乱、夫妻不和或沟通障碍等。社工应从整个家庭系统去思考问题，而不能只着眼于孩子，这是家庭社会工作面对亲子管教问题时的基本立场。个案工作或亲子小组，都是应对亲子管教问题的有效方法。通过亲子讲座，让家长学习更多的管教方法，让亲子双方更多地了解和学习相处的技能与技巧，是亲子个案工作或亲子小组的主要目的。

B 服务提供
——建立服务的过程及主要步骤

2.2 小组

2.2.1 小组类型

目前，家庭服务领域的小组工作，已经呈现出显而易见的多元化发展趋势，主要包括儿童类、亲子类、妇女类、青少年类和义工类等小组类型。此外，针对男性施暴者的小组，也是值得重点开拓的小组工作类型。在这些小组类型中，有些较为容易开办，参加人数也可以相对较多，如儿童小组、妇女小组和义工小组是其中最受欢迎的小组类型。而夫妇小组或男性小组则最难开办，其根本原因是大多数男性不太愿意到家庭服务中心接受服务，在他们看来，与外人谈家庭事务或夫妻相处话题比较尴尬。而举办亲子小组活动或以亲子为主题的小组活动，其吸引性则相对较大。初开办的服务中心，可以考虑先从发展性小组着手，在设计发展性小组的时候，可以发展心理学中关于成长历程和阶段需求理论为切入点。此外，以治疗小组形式将个案工作中遭遇相同类型问题的案主如个案辅导中的受虐妇女凝聚起来，使其在小组活动中得到相互支持，从而发挥小组力量，协助案主解决困难，也是小组活动组织的一条重要途径。

2.2.2 小组运作示例

1. 亲子沟通小组——"幸福加油站"

●小组概况

小组对象为年龄3～6岁的儿童及其家长，以亲子形式报名。

●小组目标

■ 让家长进入儿童的玩乐世界，重拾童趣；
■ 提供亲子共同完成一项任务（活动）的机会，增强亲子默契；
■ 促进亲子沟通，让家长鼓励和欣赏孩子；
■ 以体验式学习手法，通过体验转变思想，改变家长与孩子间沟通互动的形态。

B 服务提供
——建立服务的过程及主要步骤

● 招募方式

通过海报或宣传单张在社区内招募。

● 社工注意事项

■ 确定招募对象年龄层——幼儿阶段的需求和儿童（小学）阶段的需求是不同的，家长的关注点也不一样，因而社工要根据儿童的年龄和家庭发展需要来设计目标；

■ 内地家长一般要兼顾的事务繁多，出席率不稳定是普遍情况，社工需要留意家长的出席情况，特殊情况下可多加关心和慰问；

■ 家长一般希望能与其他家长分享管教经验，在小组环节内宜多设计一些分享时间，让家长可以互相交流，以获得共鸣和相互支持；

■ 亲子沟通是这一类型小组的重点，社工要设计足够的沟通游戏和活动，让亲子体验沟通方法。

（举办单位：阳光家庭服务中心）

2. 治疗性小组 ——"受虐妇女互助"

● **小组概况**

小组对象为30～40岁有过婚史，曾在家暴中心接受个案辅导的受虐妇女。

● **小组目标**

■ 通过"助人自助、自助助人"的小组活动，引导组员提升自我认知能力；

■ 提升组员解决问题的能力；

■ 帮助组员学会情绪管理；

■ 帮助组员学习沟通技巧，建立属于她们的互助支持网络。

● **招募方式**

基于"标签"效应的影响，受问题困扰的服务对象未必愿意自行来参加，治疗性小组一般难以公开招募；但通过个案累积，将相同个案问题的受助者凝聚在小组中是较为可行的方法。

B 服务提供
——建立服务的过程及主要步骤

● 社工注意事项

■若是从个案中邀请参加，先要确定案主是否愿意，并且在时间上能否配合。小组辅导多为辅助性质，所以对问题较严重的个案，则必须是小组辅导与个案工作一起进行。

■因治疗性小组往往会深入触及隐私问题，所以必须严格遵守保密原则，而且每一个组员都要互相尊重和保密。

■治疗辅导与个案工作有类似的地方，同样也要求社工具备足够的辅导技巧，包括社工需要做好准备。如果认为单独一人不能带领小组，可由两位或以上社工共同带领。

（举办单位：家庭暴力防护中心）

2.2.3 小组运作指引

小组运作一般可以分成如下四个步骤：阐明小组开展的目的及性质，确立小组组员，制定小组机制、规范及文化，与组员订立关系。

1. 阐明小组开展的目的及性质

在设计小组前，社工应为小组确定清晰的目标。而对自己设计的小组做出评估，明确为何举办这类小组以及小组的性质、目的、具体目标、参与人数及识别小组组员的共同需要和问题等，是小组组员能否聚集的基本条件。这是因为在个案辅导工作中，社工关注的仅为一个人，而小组关注的却是一个行动体系，其中组员之间的互助在小组形成和发展过程中发挥着极其重要的作用。所以，社工必须有清晰的小组进程与方向、程序、节数以及评估等关于小组发展整体性思考。

2. 确立小组组员

根本区别于个案工作的一点是，个案工作对象是非选

B 服务提供
——建立服务的过程及主要步骤

择性的,而根据小组工作需求,社工可决定谁应参加并成为组员,也就是说,小组工作对象是选择性的。与此相对应的是,组员也有权决定是否接纳社工的邀请参加小组。在小组成立之初,组员的动机不一定相同,动机之间的冲突和矛盾甚至非常普遍。具体而言,有些人是受吸引而靠近小组的,有些人却与小组保持着疏离;有些时候,组员希望在小组中获得重视,但更多的时候组员又会因为害怕受到伤害而拒绝被重视。因而,社工尤其需要注意小组组员,并在小组开始前,敏锐地洞察小组成员的心理状况。

3. 制定小组机制、规范及文化

在制定小组目标和商讨达成目标的策略时,社工要确保目标和策略均符合社会所接纳的行为规范。社工不应假设小组组员会自动接纳其所制定的行为规范,因为如果某些偏差行为没有受到挑战和批评,便很可能成为被接纳的行为规范。在制定期内,小组组员需参与小组行为规范的制定,并落实执行。

4. 与组员订立关系

如果服务案主是一个人，社工可专注地处理他个人的问题。但在小组环境下，每位小组组员的个人动机，未必能与小组的目标完全一致。社工必须帮助组员明确他们的目标，必要时还要做一定的调整，以使组员目标与小组目标相吻合。尤其需要注意的是，社工不要因把注意力过分集中在一两位组员身上而忽略其他组员，甚至忘却小组的目标和方向。一方面，社工和组员应始终保持清醒的目标意识，并为此共同努力；另一方面，组员之间应订立关系。在小组活动过程中，社工应该试图在组员之间、社工与组员之间建立关系，并促进组员进行有效的和建设性的沟通。如果组员间没能建立其有效的沟通关系，就难以有效地发挥互助精神。事实上，在小组工作中，不单社工能为组员提供帮助，组员本身也是非常重要的改变媒介。

B 服务提供
——建立服务的过程及主要步骤

2.2.4 小组活动所面对的困难及解决方法

无论在小组活动开展、进行还是结束过程中，都必然遇到不少困难。尽管这些困难有些可能是始料未及的，但它们中的多数是可以预测和应对的。

1. 招募问题

大部分前线社工均认为，在招募小组成员上时常出现困难，或是服务对象不想参与，或是招募了不合适的组员，而且还会由于时间紧迫，没有太多时间用于招募。为解决这一问题，一方面，社工应在年度计划上预先拟订，并在年度开始时便清楚计划开展小组的月份、节数及时间，让自己有充足的时间准备；另一方面，通过个案辅导，可以让一些正在接受个案辅导的人同时参与小组活动。以受虐妇女为例，个别辅导虽可以舒解她在婚姻方面的内心挣扎，但倘若为一群情况类似的组员开展一个名为"雨后彩虹——支持被虐妇女"的小组，这样便能令受助者相互间产生共鸣，并发挥互助作用。

2. 设计小组，草拟大纲

正如前文所述，小组制定机制、规范等需时间预备，即使是遇到一些突发性情况，如举办一个灾难性小组，也需要预先搜集相关资料，使社工本身有充分准备。草拟小组大纲需注意如下事项：小组目的及具体目标，小组内容，小组评估。在小组目的及具体目标方面，不应要求过多，而是应该实在地切合受助者需求。在内容方面，则应有初步计划，包括初步制定每节活动的内容、程序及目标等。至于小组评估，则需预计小组成效、量度指标及工具，从而以客观的角度分析小组的进程及成效。

3. 时间分配，场地安排

不同的组员有不同的要求，甚至未必能制定出一个统一的时间表。如若小组成员对小组活动有兴趣，在时间安排上就根本不存在问题。重要的是，社工该如何提升小组成员的参与意愿。以"雨后彩虹——支持被虐妇女"小组为例，在招募过程中，社工清楚地交代了小组的安排，以便切合其参与需要。

B 服务提供
——建立服务的过程及主要步骤

2.3 活动

2.3.1 活动概况

> 为了达到宣传拓展、凝聚社区、家庭教育、主题推广、资源联动等目的，社工常举办的活动主要分为超过200人的大型活动，或20～200人不等的中小型活动。活动场地可以在家庭服务中心、社区或是学校，户内和户外均可。一般来说，争取多方资源和单位合作，是社工筹备活动的最重要内容。例如，筹备一个户外嘉年华会，就需要先征得街道妇联主席和社区工作站的同意，并为活动物色一个合适的场地，通过与街道合作，社工可以获得音响、座椅等设备方面的支持。

● 示例
■ 应对性节日活动，如"母亲节"康乃馨寄语活动、"儿童节"嘉年华会等；
■ 主题性活动，如妇女性健康之白丝带运动、不要暴力只要爱之反家暴社区宣传活动等；
■ 家庭讲座，如"三八节"女性家庭压力与情绪管理讲座、快乐工作坊系列讲座等；
■ 康乐活动，如莲花山家庭旅行、少年宫之旅等。

2.3.2 开展活动须注意的事项

■因为许多公众人士还不太了解社工的身份与社工的功能，所以宣传是开展小组活动必不可少的重要环节，而定期举办社区宣传活动则是社工目前使用的主要宣传方式。新开设的家庭服务中心，更需每月在附近安排街展活动或小型游戏等以吸引居民，让其尽快知晓中心的服务内容。实际上，社工可以通过各式各样的活动来达到宣传目的。简单的如派发中心单张或是活动单张，复杂的如搞一个社区嘉年华会，这些都是提升社区居民对家庭服务认识的重要途径。

■在制订活动方案时，社工应根据用人单位的要求，对社区的需求进行评估，策划可行的方案，并征得督导、用人单位的批准。所制订的方案，必须注意可行性。例如，要想举办一个大型嘉年华会，就必须首先考虑社区内是否有足够的场地、社区工作站是否能协助、街道领导是否会同意等问题，同时还要留意是否与社区中的其他大型活动相冲突。另外，活动是否需要义工协助、是用自己的义工队伍还是找外援、是否要去义工联求助等，都是需要预先考虑的问题。

B 服务提供
——建立服务的过程及主要步骤

■很多活动都可以考虑跨部门合作，如家庭服务社工可以与学校社工合作举办亲子类活动，或是与团委一起举办青少年活动。综合利用多方资源，是社工举办活动的一项重要手段。

■社工还应为活动做出详细的预算评估，计划书中必须列明各项支出及收入，预算只有得到领导和督导的正式批准后才可支出；另外，切记不可超支，尽量做到收支平衡，采购物品时，必须获取正式发票以供报销。

■就活动评估而言，最好是能做到活动结束即让参加者填写问卷，以收集和了解他们对活动的意见。此外，社工应对活动展开事后检讨，检讨内容包括活动安排与场地、人手分配、活动设计、社工表现、义工情况、物资、参加者反应等，如有特殊情况发生，也应在检讨报告中注明。

2.4 如何推广及宣传家庭社会工作

> 内地社会工作尚处于起步阶段，大部分服务使用者对社会工作还有所顾虑，甚至未必愿意使用，社会工作角色及形象也未能得到充分肯定，所以更加不容忽视宣传工作的价值。

2.4.1 主动与服务使用者联络及接触

主动接触需要协助的服务使用者，是前线社工最重要的家庭社会服务推展方式。目前，在部分用人单位，包括救助站、婚姻处理站，受助者可能都是被强迫接受服务的。而主动接触受助者，则是为了消除其对前线社工的戒备。实践证明，尽管前线社工未必可以直接解决受助人面临的问题，但其应该抱着与受助人共同面对问题的积极心态，向其推展自己的角色，促使受助人放下成见，从而陈述和分享自己的问题，以便让前线社工真正了解其遭遇的困难。

B 服务提供
——建立服务的过程及主要步骤

2.4.2 建立鲜明形象，确立清晰定位

就目前的情形而论，大部分受助人对社会工作还感到陌生，对社会工作及前线社工能力存在质疑的现象也显而易见。因此，向社会推展自己的角色、责任及服务范围，是社工当前的一项十分重要的工作。其内容是向受助者陈述自身的工作能力以及"助人自助，惠泽社群"的社工职业精神，让受助者逐渐了解社会工作的任务。而以清晰明确的宣传口号，确立社工机构和前线社工的服务理念与服务方向，让受助者了解其服务内容，是这项工作的根本目标。

2.4.3 定期举办户外街坊咨询活动

> 除利用海报、单张或提示品等被动的宣传工具之外,前线社工更应该大胆尝试,以多样化的宣传工具,主动、能动地宣传推广家庭社会服务。主观能动的宣传工具通常包括户外街坊咨询站、长者身体检查、摊位游戏等,其目的是以相对简捷的方式,将家庭社会工作渗透于社区和居民。例如,借助为老人体检,不仅为社工提供了直接接触长者的机会,而且还可以使社工有机会关怀其对社区生活的适应问题及其困难。而获取长者的信任,显然是其愿意向社工提供资料以便进一步跟进的前提。作为一项延展性工作,居民之间围绕一个成功案例展开的宣传,通常会产生一系列连带性效应。

2.4.4 参与社区大型宣教活动

> 社区大型教育活动更能充分利用人力物力,有效整合多方资源。因而,社工应尽量抓住一些有利时机,发动服务使用者一起参与、一起推动,以达成最佳宣传效果。

家庭社会工作的行政要求

3.1 人员配备

目前，中心的基本人员配置大致应规定为社工5名或以上、社工督导1名、行政辅助人员1～2名，并为每5名社工指定1名专责负责处理财务事宜的人员。

3.2 督导及社工的专业背景和相关经验

3.2.1 前线社工

通过助理社工师或社工师职业水平考试并取得证书，或具有社会工作专业或与社会工作相关（社会学、心理学、法律、社会保障等）的本科或以上学历，是目前社工机构聘用社工的基本条件。每个家庭服务中心的前线社工配备名额可依据实际情况而有所差别，但总体上不得超过用人单位所使用社工总数的20%。

C 家庭社会工作的行政要求

3.2.2 督导助理

依据深圳市民政局的有关规定,每6名前线社工需配备1名督导助理。如果家庭服务中心的社工团队为6人或以上,督导助理则需承担团队的管理职责。督导助理从取得助理社工师或以上职业资格,并具有半年或半年以上社工工作经验的优秀社工中选拔产生。督导助理接受上层督导的业务指导,其工作职责由上级督导明确指定,但原则上督导助理需承担如下团队管理职责:

■在督导指导下完成个人成长方案。

■完成小组年度工作计划,推进服务开展并承担其他协调性职责。

■协助督导规范团队工作程序,监督社工的职业操守,帮助社工清晰地了解岗位分工、职责、工作范围等。

■协助督导落实各类社工理论、实务技巧的培训工作。

■在督导指导下对前线社工进行实务方面的指导,跟进前线社工的疑难个案、小组等，适时适量地对前线社工进行单独督导。

■对前线社工进行绩效考核和评估。

■给前线社工适当的情绪支持，引导新员工尽快适应工作。

■收集、整理前线社工的服务记录及其他工作报告，按时递交给督导，督促社工落实见习督导的审批及回馈意见；配合机构完成考勤、督促及考核工作；将实际完成情况提交给督导审核。

■定期向督导汇报工作，反馈团队发展中的问题，并跟进解决。

■除完成督导助理工作之外，还需承担团队中前线社工平均指标量80%以上的服务工作。

C 家庭社会工作的行政要求

3.2.3 见习督导/初级督导

家庭服务中心的社工团队，都由见习督导或初级督导负责统筹管理和监督。见习督导从取得助理社工师或以上职业资格，且具有2年以上工作经验或1年以上前线社工工作经验的督导助理或优秀社工中选拔产生。见习督导原则上应指导2名督导助理、20名一线社工，即22人的日常工作（具体人数可根据社工和岗位数量等情况适当调整）。

见习督导的职责
■ 完成督导为其确定的个人成长方案。
■ 定期向督导总结汇报前线的工作情况，及时将疑难问题反馈给督导，以探讨有效解决方案并跟进落实。
■ 根据实际情况建议督导召开督导会议。
■ 协助督导落实各类岗位培训。
■ 配合督导完成其他实务性或协调性工作。
■ 保证适量实务时间（处理疑难个案等），完成规定的服务指标。

3.3 办公室、设备等配置

根据深圳市妇联关于《深圳市阳光家庭综合服务中心标准化建设规范的通知》，阳光综合家庭服务中心的办公室配置主要体现在办公场地与办公设备上。

■办公场地：场地面积在100平方米以上，每个中心应设个案工作室、小组工作室、来访接待区、档案存放区、办公区域、室内宣传墙、资源阁、玩具阁等，场地要求安全、通风、温馨、隔音，等等。

■办公设备：主要办公设备包括办公电脑、打印机、数码相机、活动桌椅、办公电话、传真机、碎纸机、档案柜、复印机、投影仪等。

C 家庭社会工作的行政要求

儿童活动室1

儿童活动室2

辅导室1

辅导室2

图3.1 儿童活动室与辅导室

小组活动室 1

小组活动室 2

园艺室

阅览室

图3.2 小组活动室与辅导室、园艺室、阅览室

家庭社会工作成效评估

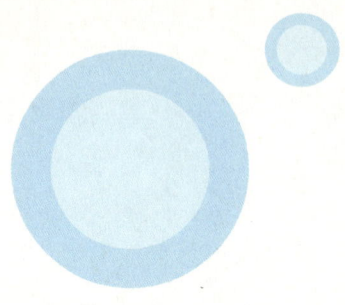

家庭综合服务模式，是传统妇女儿童服务方式的转型形态。贯彻综合服务理念，要以方便使用、及早识别、整合服务和伙伴关系四项基本原则为指导。所谓家庭社会工作的成效评估，实际上就是检视家庭服务中心的四项基本原则是否达标。

1. 方便使用

根据区域人口分布，考察家庭服务中心服务使用的方便性，是目前家庭社会工作成效评估的首要指标。从地域上划分服务范围，选择方便服务使用者的场所，显然有助于服务的推广。

2. 及早识别

在社区开展工作的家庭服务中心，必须做好预防和及早识别工作。需要优先识别的目标群体，主要包括单亲家长、新移民打工者、孤寡贫困家庭、受家暴侵害人士等，他们应被界定为优先并获得足够服务的对象。因时令变化而出现需求的组群，如寒暑假期间来城市与家长团聚的留守儿童，也是需要及早识别并抓住机会为其提供服务的对象。

D 家庭社会工作成效评估

3. 整合服务

综合家庭服务中心在处理社区内家庭社会功能及情绪需求时,需要采用各类不同的专业知识与技巧。因而,中心必须通过整合区域内所有专业服务,在家庭问题预防、支持及补救三个方面平衡地提供服务。因此,家庭服务中心应提升区域内专业部门间的合作关系,使相互间更好地协作和配合,必要时还应调配所需专业人员以满足社区内的家庭服务需求。

4. 伙伴关系

与不同专业门类的社工部门建立良好合作伙伴关系最重要的原则,是整合资源、携手合作和适当转介。集结力量总比单一处理问题为佳,特别是在遇到一些复杂或严重的个案时,如家暴侵害人、性侵犯、情绪失控、自残自杀等。当所需处理的问题需要动用更多支持,或是家庭综合服务不能应付的问题时,社工需从多个角度向不同专业伙伴寻求协助,实时联络彼此的专业力量、解开复杂问题的症结。

 产出指标

参考香港家庭综合服务中心的产出指标，以量化服务为衡量标准，并按照实际需要和情况加以调整，可以考虑将以下量化指标设定为基本服务标准。

■建档数量；

■个案数量（可以分为短期辅导个案，为期一般8节；长期辅导个案则需要长期辅导跟进，辅导期超过8节）；

■治疗性小组数量（需要深入辅导的治疗小组，组员最少6人，辅导期不少于4节）；

■教育性或发展性小组数量；

■服务对象互助小组数量；

■教育性或发展性活动数量；

■服务对象登记成为中心义工的数目；

■由外展方式接触到的人士来中心参与活动或接受服务的数量。

以深圳为例，深圳市妇联所制定的家庭服务产出指标，通过甲、乙、丙三方协议而订立，并包含在服务合同里。深圳市家庭社会工作服务合同内容如下：

甲方：深圳市××区民政局

乙方：深圳市××社工机构

丙方：深圳×××（用人单位）

D 家庭社会工作成效评估

根据国家有关政策法规，经甲、乙、丙三方协商，在平等、自愿、公平和诚实信用的基础上，就甲方向乙方购买社会工作者为用人单位（即丙方）提供专业化服务事宜，自愿签订本合同，共同遵守本合同所列条款。

第一条 服务目的

★ 解决服务群体个人及家庭的心理和情绪问题。

★ 协助解决服务群体家庭的就业、婚姻等问题。

★ 促进服务群体家庭的子女教育及成长发展。

★ 促进服务群体个人及家庭自强自立。

★ 使服务群体及其子女心理状态达到健康、阳光。

第二条 服务群体

社区中有需求的家庭、妇女及儿童。

第三条 服务内容

采用个案、小组、活动等社会工作的专业理念和手法，为服务群体提供维权、助困、居家养老、少儿午托、婚姻调适、家庭教育、心理辅导、女性身心保健及问题家庭干预等服务。

第四条 购买人员数量

社会工作专业人员X名。

第五条 服务标准

表4.1 服务标准

序号	指　　标	协议水平
1	对新增受助人员及家庭进行评估和建档	250份
2	个案辅导（面谈次数达4次或以上）	18个
3	咨询个案（包括简单支持性个案，面谈次数在4次以下）	25个
4	开展小组工作（治疗性小组应占指标的15%）	60节
5	大型社区活动（人数≥300人）	4场
6	中小型社区活动（人数≥100人）	5场
7	讲座（人数≥20人）	6场
8	工作坊（人数≥10人）	17节
9	外展活动	7场
10	组织及注册达20名以上的义工队伍，平均每名义工全年接受培训次数≥2次，义工提供服务时间为≥300小时	提供服务时间为参考指标
11	印制中心服务宣传资料（资料内容涵盖中心情况和近期开展活动介绍，每期至少印发2000份以上）	4期

D 家庭社会工作成效评估

4.2 成效指标

除了量化指标外，还可以使用一些评估工具，如服务使用者满意度问卷、活动检讨表等来量度成效，以衡量服务使用者对中心服务的评价。

● 评估方面

■ 各服务单位每月提交关于服务量统计资料，并由用人单位及社工机构就此进行评估；

■ 基本服务规定：服务单位就基本服务规定每年进行自我评估；

■ 服务质素标准：服务单位每年进行一次自我评估；

■ 评估涉及的工作：审阅文件，实地观察及与单位社工、职员代表及随机挑选的服务使用者面谈，评估需由社工机构派出督导或请外来顾问团队进行；

■ 服务使用者满意度调查：每次活动后需有检讨和满意度调查，每年度进行服务使用者意见调查，或召集聚焦小组，寻求服务使用者意见并做出成效评估；

■ 辅导成效：根据开立个案和结案数量、介入目标评估和达成情况、案主对辅导服务的满意度等来评估辅导成效；

■ 每隔一段时间整体评估家庭服务的成效，通过定量或定性调研方式，了解家庭服务中心对社区发挥的作用、处理家庭问题的能力和公众对家庭服务的评价。

 **服务时间（中心开放时间）**

按照服务合同规定的工作时间，结合所在岗位的实际情况，社工每周工作需达到35个小时。另外，社工接受培训的时间不得与正常工作时间相冲突。在特殊情况下，社工需要加班或在非工作日上班，应根据实际情况调休，但必须先征得用人单位和团队督导的同意。家庭服务中心的开放时间视实际情况而定，一般为星期一至星期六的9:00～18:00，星期日及假期休息。

 **质素监管和服务质素标准**

4.4.1 一般服务质素标准简介

香港社会服务的《服务质素标准》，在管理及提供服务方面，规定了社会服务机构应具备的质素水平。该标准依据以下四项原则厘定：

（1）明确界定服务的宗旨和目标，运作形式应予以公开。

（2）有效管理资源，管理方法应灵活变通、创新及持续改善。

（3）鉴定并满足服务使用者的特定需要。

（4）尊重服务使用者的权利。

D 家庭社会工作成效评估

4.4.2 工作流程中能实行的服务质素监管

目前,深圳家庭服务领域中能实行的质素监管方面。

表4.2 服务质素监管

监管范围/标准内容	操作实行
服务单位具有明确的服务政策及程序,且可供服务使用者、职员及其他关注人士阅览	●备有服务单张可供索阅 ●中心墙上挂有各项规章制度
服务单位应检讨及修订有关服务,提供各方面的政策和程序	中心内部备有各项服务流程与措施
服务单位需保存服务运作及最新活动记录	保存一切个案、小组、活动和其他与服务有关的文件记录,并交由机构存储
机构/服务单位需定期制备统计资料及服务表现报告	团队组长每月收集社工工作资料并作出统计,撰写下个月的工作计划
见习督导/初级督导/督导审阅所有个案及活动记录,并给予监管督导	每月完成审阅工作,并在有关记录上签署意见
所有职员、管理人员、管理委员会、理事会或决策组织的职务及责任均有清楚的界定	社工机构内部管理文件中要详细列明
服务机构有效实施职员招聘、签订职员合约、发展、训练、评估、调派及纪律处分守则	社工机构内部管理文件中要详细列明

续表4.2

监管范围/标准内容	操作实行
服务单位设有收集及采纳服务使用者和职员意见的机制	●每年年底以年度会议方式征询社工和前线服务人员对服务的意见 ●每次活动后有适当的意见收集和评估
服务单位按相关政策和程序实施有效的财务管理	社工机构内部管理文件中要详细列明
服务单位遵守一切有关法律规定	有关家庭服务的法律条文请参阅附录
服务单位要确保服务用户获得清楚明确的信息，知道如何申请接受和退出服务	中心单张和内部文件要订明申请和退出服务的规定
尊重服务使用者保护其隐私的权利	中心要采取措施保障隐私和保密，如将保密档案放在档案袋里，年底交由机构存档
服务单位有计划地评估和满足服务使用者的需要（不论服务对象是个人、家庭、团体或社区）	中心每年1月要制订年度计划，并在每个月底制订下个月的工作计划，年底做出评估和总结
服务单位采取一切合理方法与步骤，确保职员和服务使用者处在安全的环境中	●服务单位要定期勘察现场环境及邻近环境，以鉴定是否有安全问题，并确保制定和实施处理安全问题的适当策略 ●凡发生在服务单位内并涉及职员或服务使用者的意外或受伤事故，以及当时的处理方法，全部要记录在案 ●服务单位确保所有服务器材均得到适当维修，而若情况适合，需在相应指导下使用这些器材 ●提供和有效保养所有消防设备及其他必需的安全设备 ●备有与安全有关的制度和指引

D 家庭社会工作成效评估

4.4.3 建立服务流程和模式

1. 服务调查

家庭服务中心是位于社区的服务单位，肩负着服务社区的责任。由于社工资源有限，永远不能满足区域内所有的需要，所以在有限资源条件下，厘定社会服务需要的优先次序非常重要。同时，这也是服务规划的重要指导原则，它不仅可以使家庭服务有针对性地处理严重的社会问题，而且能更敏锐地回应社区的需要。家庭服务需求取向可分为预防性、发展性和补救性三类，平衡这三类取向，是评估服务需求的基本前提。一般来说，补救性需求较容易发现。例如发生家庭暴力，受虐妇女都可能会到家庭服务中心求助，或是每年暑假大量留守儿童从家乡跑到城市与父母团聚，面临一时间难以适应城市生活以及与父母长期分隔两地所出现的相处困难等，都是社工必须适时补救性介入的重要问题。此外，发展性和预防性需求也不容忽视，但这两方面的需求相对不太明显。如果社工对社会发展较为敏感，也不难发现预防性工作的着眼点，例如在城市打工的务工人员需要、单亲家庭需要、独生子女管教问题等，社工应针对这些社会课题展开研究，或者进行问卷调查，在进一步了解不同群体的具体问题和实际需求的前提下，制订服务方案。在实务方面，选点调查，或许是建立家庭服务中心的首要工作。

选点调查的主要注意事项包括六个方面：

■ 进行选点调查。了解社区居民对家庭服务的需求和期望，以为家庭综合服务中心开展服务提供导向。

■ 采用问卷调查方式。对样本进行抽样或随机抽样时，需确保抽样的科学性和样本的代表性。

■ 问卷内容应包含社区居民的基本情况，包括男女人口比例、年龄、婚姻状况、家庭状况等，这些资料对中心未来的发展有很大的帮助。

■ 通过调查问卷掌握居民的家庭生活、亲子教育、健康教育及个人成长等资料，以作日后服务拓展之用。

■ 调查过程应与社区工作站联手进行，并取得街道妇联和社区工作站的同意。

■ 若要进行上门调查，则应获得社区工作站站长的合作和协助，由站长派人与社工一起上门调查会较为理想。

D 家庭社会工作成效评估

2. 建立家庭服务中心的具体步骤

●策划阶段
- 成立领导小组，讨论并形成项目方案；
- 建设社工团队，制定相关管理制度；
- 开展社区居民服务需求调查并撰写调查报告；
- 讨论并形成家庭服务中心试点工作方案；
- 参观不同中心的运作，多了解学习；
- 拜访社区中的不同单位或部门。

●筹备阶段
- 办公场地装修、设备采买；
- 制定中心各项规章制度；
- 制订专业化服务方案；
- 制订中心义工队伍招募计划；
- 举办一系列中心接待咨询、宣传等活动。

- ● 正式启动及服务实施阶段

■ 举行中心挂牌启动仪式；

■ 举办座谈会、交流研讨会、主题讲座、培训等专题活动；

■ 逐步开展中心常规服务，包括儿童服务、图书馆服务、常规性活动、心理辅导、讲座、社区推广活动等。

- ● 总结、考核和验收，全面推广阶段

■ 接受相关专家、社会工作领导小组及社会工作服务社共同的评估考核；

■ 总结经验，结合中心服务及社区需求，制订新的工作计划；

■ 建立三层服务模式。

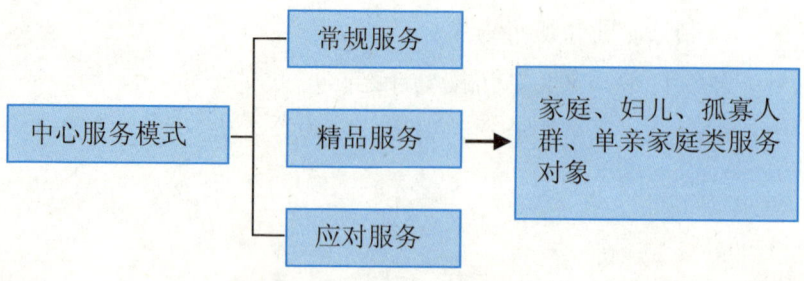

图4.1 建立三层服务模式

D 家庭社会工作成效评估

3. 人力配备与分工

```
┌─────────────────────────────────────┐
│   用人单位领导、机构领导、机构督导    │
└─────────────────────────────────────┘
                  │
┌─────────────────────────────────────┐
│          督导助理/小组组长           │
│ ■ 统筹中心内部行政管理、工作协调与汇报、团队建设等；│
│ ■ 统筹中心服务开展、批阅实务活动计划书与评估书、实行社工实务督促及监管等 │
└─────────────────────────────────────┘
```

妇女、家庭服务组 一线社工	儿童服务组 一线社工	义工服务组 一线社工
实务工作：妇女及家庭服务； 行政工作：档案管理、接待、外联、月报、值班、考勤	实务工作：儿童服务； 行政工作：宣传单、海报、横幅、宣传栏、室内装饰、博客、简报、视频、季刊或周年刊、周记	实务工作：义工服务； 行政工作：财务、外联

图4.2 人力配备与分工

4. 制作中心服务单张

● 单张格式模板

×××阳光家庭综合服务中心

一、中心简介

"×××阳光家庭综合服务中心"是由×××联合设点成立的，旨在为妇女与儿童及家庭提供法律咨询、女性生活身心保健、家庭关系协调、青少年及儿童教育等一站式多元化服务。中心聘请专业社会工作者提供服务，并由香港资深社工进行专业督导。

二、服务宗旨

以妇女儿童为重、以家庭为本、以社区为基础，运用社会工作专业方法服务妇女、儿童和家庭，促进家庭和谐、社区和谐，从而达到促进社会和谐的目的。

三、服务对象

社区内妇女、儿童及其家庭。

D 家庭社会工作成效评估

四、服务目标

★针对儿童在不同时期的成长需要提供多元化家庭生活教育服务。

★关注困难妇女、儿童和家庭，整合社会资源，建立社区支持网络。

★通过不同形式的社区活动，增强居民的凝聚力及其对社区的归属感，推动社区和谐。

★组建社区义工服务队伍，提高义工的服务能力。

五、服务手法

通过个案、小组工作坊、社区活动、教育讲座、社工义工联动等形式为社区居民提供家庭综合服务。

六、服务内容

1.常规服务
- ■个案辅导
- ■"快乐精灵"小学堂；
- ■阳光家庭欢乐影院；
- ■家庭总动员——阳光家庭；
- ■亲子康乐活动；
- ■阳光义工队；
- ■儿童天地；
- ■节日性活动。

2.特色服务
- ■图书银行；
- ■EQ（情商）管理系列服务；
- ■留守儿童精品服务计划；
- ■阳光校园合作服务；
- ■阳光少年军之小小义工队计划；
- ■深圳建设者关爱探访服务；
- ■义工关爱社区计划。

热线电话：12345678

开放时间：周一至周X（9:00～12:00；14:00～18:00）

中心地址：深圳市××区××楼

搭乘公交102、216、218、222、324、374、388、44路到×站下车

中心活动全部为公益服务，一律免费

D 家庭社会工作成效评估

5. 义工团队建立的一般程序

开展社会公益服务、家庭综合服务，不仅需要专业社工的力量，还需要社会公众的广泛参与。义工是社区中专业社会服务不可或缺的支持资源。有效整合社工、义工两种人力资源，构建社工义工联动机制，可以有效地为社区居民提供服务。家庭综合服务中心的义工队伍，一般有成人和小朋友义工队伍两种。义工队伍建立遵循一定规程。

■义工招募：成人义工的招募是一项常态化工作。通过海报、宣传单张及户外设点等方式，向社区居民发布义工招募通知，并进行定时定点招募，是成人义工招募的基本方式。考虑到义工管理及培训问题，成人义工队伍应以50人为限；小义工招募则规定人数，按周期进行，例如每半年为一期，一期招募10人，招募对象为8～14岁的孩童。

■义工注册：经过筛选，对符合义工招募条件的人员进行信息登记和注册。依据国家对义工管理的规定，家庭服务中心需凭中心服务执照和招募义工基本信息，向义工管理部门申报，在获得批准并取得管理及使用义工的相关权利后，方可合法地使用、管理和培训所招募的成人义工；招募小义工则不需要申报，但必须获得监护人同意。

■义工培训：培训不仅是义工组织的一项主要工作，而且也是提高义工队伍服务能力和综合素质的基本手段。提升义工整体服务素质，是义工队伍发展的必要条件。中心既要善用义工，使之在不同社会组织中发挥协助作用，还要将他们当做服务对象来对待，所以中心运用义工的能力十分重要。在推行服务过程中，社工必须澄清义工的任务和使命，强调义工要有责任心和真诚的态度。与此同时，中心还需通过服务项目专项培训、领袖能力训练、义工兴趣班、团队拓展训练等，让义工队伍有成长及发展空间。小义工培训则不同，社工需要设计和制订一套关于小义工成长和发展的计划，以传递社会工作理念，为其提供更多的发展空间和机会，并让其在充满鼓励和引导的环境中，发现自己的智慧和潜质。

■工作分配和奖励制度：有效和正确的管理，是使用义工的重要前提。为此，必须根据义工的兴趣、爱好及特长，将义工分成不同的小组，例如儿童辅导组、社区宣传活动组、户外活动组等。同时，还需要制定奖惩制度，定期对义工进行考核，并对提供优质义工服务者给予应有奖励，而对违反义工服务原则者，则应该给予批评或作劝退处理。

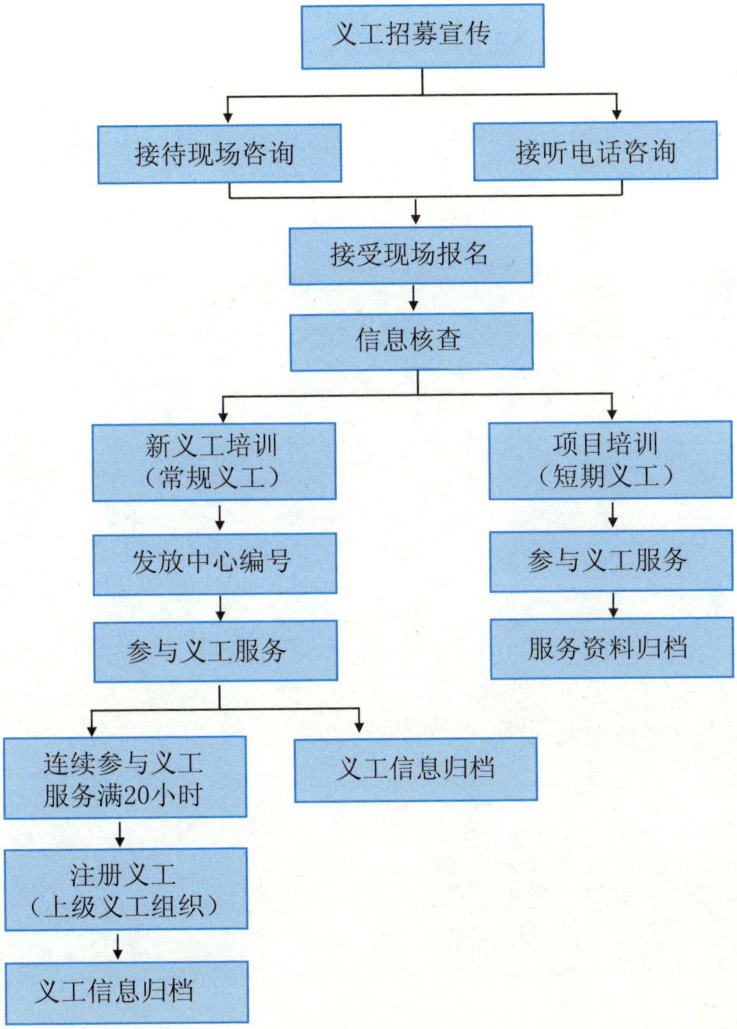

D 家庭社会工作成效评估

图4.3 义工队伍建立的一般规程

6. 年度服务计划

● 年度计划模板

×××阳光家庭综合服务中心
2010年度服务计划

深圳市×××阳光家庭综合服务中心作为我市社会工作重点试点项目的典范，经过一年多的推行，在满足妇女、儿童、家庭的公共服务需求，营造和谐社区方面发挥了积极作用。

一、工作目标

1. 针对儿童在不同时期的成长需要提供多元化一站式家庭生活教育服务；

2. 关爱妇女、儿童、老人及其家庭，整合社会资源，建立社区支持网络；

3. 通过不同形式的社区活动，增强居民的凝聚力及其对社区的归属感；

4. 组建社区义工服务队伍，提高义工的服务能力。

D 家庭社会工作成效评估

二、工作方式及内容

以通过社区活动、小组、个案等专业手法预防及解决社区内妇女、家庭、婚姻、心理及子女教育问题等为目标,促使家庭关系改善,维持妇女良好心理状态,保障家庭成员健康成长,提高个人和家庭自主生活的能力,构建和谐快乐家庭。家庭服务的主要工作内容有:

1.开展儿童活动及小组,包括游戏工作坊、手工坊、课业辅导、兴趣班、儿童天地等;

2.开展家庭活动及小组,包括家庭欢乐影院、亲子康乐活动、亲子教育小组等;

3.开展妇女活动及小组,包括成长小组、兴趣班、互助小组等;

4.组织综合大型活动,主要是年终汇报晚会;

5.进行义工团队建设,包括义工招募、义工培训、义工管理、义工活动等。

三、时间安排

表4.3 时间安排

季度	月份	常规活动	活动内容
第一季度	1月		例：儿童，同声"童"趣儿童游戏工作坊（3节）； 家庭："幸福加油站"（1节）； 义工：中心第一批义工招募开始
	2月		
	3月	例： 1. 家庭影院（2期/月，共24期） 2. 课业辅导 3. 亲子康乐活动（1期/月，共12期）	
第二季度	4月		
	5月		
	6月		
第三季度	7月		
	8月		
	9月		
第四季度	10月		
	11月		
	12月		

四、经费预算

1. 小组/工作坊：X元×Y次＝　　元。　2. 兴趣班：　　元。
3. 家庭外展活动：　　元。　4. 比赛/评选活动：　　元。
5. 综合大型活动：　　元。　6. 宣传折页及活动海报：　　元。

共计：　　元。

D 家庭社会工作成效评估

4.4.4 建立规章制度和相关表格系统

1. 场地管理制度

● **场地管理制度模板**

×××阳光家庭综合服务中心场地管理制度

×××阳光家庭综合服务中心是丰富社区居民生活、开展家庭娱乐的重要场地，为加强中心的管理，特制定本制度。

1. ×××阳光家庭综合服务中心场地主要是用于组织开展各类小组、工作坊及儿童天地等活动。

2. ×××阳光家庭综合服务中心日常管理由中心人员负责，中心各种管理规定及监督实施由中心人员制定并完成。

3. ×××阳光家庭综合服务中心免费向社区居民开放，中心正常开放期间，居民可使用中心场地。

4. 居民使用中心场地时必须遵守中心管理规定，对不服从管理、违反规定者，管理人员有权加以制止或拒绝其参加中心的活动。

5. 爱护场地公共设施，严禁乱涂、乱刻、乱画，严禁在墙上乱蹬脚印。

6. 自觉遵守中心的有关规定，严禁打闹起哄、打架斗殴等不文明行为，违者将予以警告。

7. 自觉遵守中心的环境卫生，不乱吃零食，不乱丢纸屑杂物，不随地吐痰。

8. 进入中心的居民，要举止文明，穿戴整齐。

2. 会议制度

● 会议制度模板

一、会议类型
1. 中心例会；
2. 活动小组工作筹备会；
3. 来访座谈会；
4. 义工会议；
5. 督导会议。

二、会议举行时间及周期
1. 中心例会每2周举行1次；
2. 活动小组工作筹备会根据每次具体活动时间安排；
3. 来访座谈会根据来访人员具体时间安排；
4. 义工会议每3个月举行1次，具体时间根据中心工作计划安排；
5. 督导会议每周进行1次。

三、参加会议人员及内容
1. 中心例会参加人员为中心全体社工，会议内容包括上两周工作总结，下两周工作计划及工作过程中的成功经验分

D 家庭社会工作成效评估

享和工作难题的讨论解决；

2. 活动小组工作筹备会参加人员为活动的组织者和策划者，会议内容包括活动主题确定、活动物品准备、活动组织方式、组织人员负责事项、活动参加人员、活动程控等；

3. 来访座谈会参加人员为接待社工和来访人员，会议内容根据来访性质确定；

4. 义工会议参加人员为负责社工和义工，会议内容包括义工服务经验交流与工作分享、义工工作总结与表彰等；

5. 督导会议参加人员为中心社工，会议内容根据社工的具体问题和督导的要求设定。

四、会议规定

1. 参加会议人员不得无故缺席，不迟到、不早退；

2. 会议期间不得吸烟、吃零食，不得打闹嬉戏或从事与会议无关的事情；

3. 严格遵守会议其他相关规定。

3. 中心内部宣传栏目更新制度

表4.4　中心内部宣传栏目更新制度

项　　目	内　　容	更换频率
室内	各种规章制度板	长期固定
	中心简介栏	1年
	社工和中心工作人员简介栏	1年
	近期活动展示栏	每月
	居民留言	积累变更
室外	中心简介展板	1年
	橱窗	每月
	宣传海报	每月
	活动宣传板	根据活动随时更换
宣传单张	中心简介	1年
	社会工作简介	1年
	中心服务活动宣传	每月

D 家庭社会工作成效评估

4. 各类表格

● 个案工作表（共5种表格）

- 个案接访记录表；
- 个案基本资料表；
- 个案访谈记录表；
- 个案结束表；
- 个案转介表。

● 义工服务表（共3种表格）

- 义工报名表；
- 义工活动计划书；
- 义工活动签到表。

● 小组/活动工作表（共7种表格）

- 小组/活动服务计划书；
- 小组/活动报名表；
- 小组/活动签到表；
- 小组/活动检讨报告；
- 小组/活动参加者意见回馈表；
- 小组每节计划；
- 小组每节记录及检讨。

● 其他工作表格

- 来访登记表；
- 值班表；
- 物品使用登记表；
- 会议记录表。

5. 行政工作

● **所属社工服务机构**

■ 考勤表——督导助理必须在每月7日前统计中心考勤，填妥表格并打印出来经用人单位领导签名后，送至或传真至所属社工服务机构。

■ 月业务报表——督导助理必须在每月7日前，统计中心各组员的月业务量及小组月业务，填妥表格并发至所属社工服务机构邮箱。

■ 绩效考核表——督导助理每半年1次对小组组员进行考核打分，填妥表格交由见习督导或初级督导进行分数审定。

■ 服务记录汇总表——督导助理每季度检查组员活动记录表，汇总后发到所属社工服务机构。

■ 活动前向协助职员讲解学生活动的分工及注意事项。

● **用人单位**

■ 每周工作总结及计划——督导助理每周收集各小组组

D 家庭社会工作成效评估

员的工作总结，制作成工作总结，交到所属社工机构及发至用人单位邮箱（如有香港督导、见习督导或初级督导，也应附送），社区的中心还要根据所在街道要求，每周参加街道工作会议并进行工作汇报。

■月活动计划及经费申请——督导助理必须在月底前，组织组员讨论下个月的活动计划，并将讨论的活动资料整理，发送至所属社工服务机构及用人单位。

■月活动海报及宣传折页——督导助理必须在月初完成相关合作单位（如街道、社区、学校、工厂等）的海报张贴及宣传折页的发放。

■活动计划书及评估表——督导助理收集各组员所负责的活动计划书及活动评估后，整理归档，并于每季度发送至所属社工服务中心。

■用人单位要求的行政工作——督导助理按用人单位的要求，不定期地完成各种行政性工作如活动协助、行政表格等。

4.4.5 建立安全制度

1. 家访安全制度及安全指引

●家访前的评估

社工在进行家访前，应先评估一下服务对象及其家庭的基本情况，预先了解及搜集资料，以决定是否适合进行家访及家访的形式（如是否必须要2名工作人员同行）。为保障人身安全，进行家访前须尽可能评估服务对象的背景是否涉及以下情况：

- 曾做出过自我伤害行为；
- 曾有自杀／谋杀倾向；
- 曾滥用药物；
- 曾有妄想被迫害的精神分裂症症状；
- 曾有未按医生指示服用精神性药物或不肯服药记录；
- 曾有犯罪记录，特别是与暴力有关的罪行；
- 曾有纵火行为。

如发现服务使用者有上述类似行为，则须提高警觉，确保工作安全。

# D 家庭社会工作成效评估

● 家访前的安全准备

■ 社工应以自己的安全为首要考虑；

■ 如服务对象有暴力倾向，需尽量避免家访，而应安排在办公室面谈；

■ 在办公室接见有暴力倾向的服务对象前，应告知工作伙伴，以确保有所需的人力支持；

■ 接见室内应备有报警器，以保障员工安全；

■ 如必须探访有暴力倾向的服务对象，家访前须告知上司，并讨论是否与工作伙伴同往；

■ 进行家访时必须特别小心，并知会中心同事预计回程时间；

■ 如进行家访的同事在预计时间尚未返回中心，中心需做出跟进，以确保其安全；

■ 应在家访前与服务对象约好时间，如社工是首次面见服务对象，或是怀疑服务对象有精神病或暴力倾向，则最好安排其家人陪伴；

■女性社工不要单独探访男性独居服务对象，男性社工也不宜单独探访女性独居服务对象。

● 家访时的注意事项

■道明家访来意，保持礼貌及专业态度；

■携带工作证，用以表明身份；

■携带手提电话，以便有需要时尽快求援；

■衣着要得体，避免佩戴首饰或携带贵重物品；

■注意服务对象家庭环境及潜在的危险性；

■抵达现场后，应立即在服务对象知悉的情况下致电中心；

■尽量坐在安全的地方，如近门口，并留意大门上锁方法；

■与服务对象倾谈时宜保持距离以免引起任何误会。

● 其他注意事项

■家访前应留意天气预报，如天气恶劣或有雷暴警告等

D 家庭社会工作成效评估

都不宜家访；
■出发前留意家访附近环境安全及交通情况；
■家访时不宜随便做出承诺或有任何金钱来往；
■家访时不可以收纳任何形式的礼物和馈赠。

2. 活动安全制度及安全指引

●活动前策划及准备工作

■综合考虑参加者的需要及能力，选择合适的活动场地，并安排人手；
■实地考察，了解场地情况及设备，如地形环境是否具备厕所、升降机、斜坡及食肆等，如有需要，视察时可拍照记录上述要点，以作活动计划参考；
■活动前，计划书需经单位负责人审批；
■离境或外宿活动，需告知总办事处；
■如有需要，需告知有关政府部门，以策安全。

● 出发前工作

■ 户外活动前，需留意气象局发布的特别天气预报，如台风讯号、暴雨警告讯号等，以决定活动是否如期举行；

■ 负责人必须向义工清楚解释活动信息和分工职责事项，以便活动能顺畅运作；

■ 详细检查是否配备了足够的医药用品、辅助器材、参加者的信息登记表、活动所需的器材及手提电话；

■ 留意服务使用者的健康状况是否适合参与当日活动；

■ 将活动信息放在单位的适当位置，以便其他同事在需要时查阅；

■ 活动前向所有协助职员讲解当天活动的分工及注意事项。

● 活动进行时工作

■ 先清点人数，若活动中间要转换地点，需再次清点人数；

D 家庭社会工作成效评估

■要注意人员安全及现场秩序，以防参加者走失或失控，不可单独或带领参加者擅自离队；

■参加者中如有使用轮椅者，应系上安全带，如需停步等候，须锁上手刹；

■注意服务使用者进食情况，避免发生哽塞；

■应因天气情况而采取足够的预防措施，如在炎热天气里举办户外活动，应预备帽子，避免在阳光下曝晒，涂上防晒用品及经常补充水分，若天气寒冷，则须配备足够的御寒衣物；

■经常留意参加者对活动的适应能力和身体状况，以防超越其身心承受能力，应提醒参加者如感不适，需立刻报告，以便工作人员作出特别照顾及适当安排，必要时甚至须停止活动；

■有意外发生，视情况召唤救护车，如有需要则通知警方。

3. 预防及处理火警指引

■ 定期举办消防讲座和消防演习；
■ 在显眼的地方张贴附有逃生通道的单位平面图；
■ 备有火警疏散程序和分工安排，并由单位主管在职员会和学员会上经常提醒；
■ 定期检查消防设备并给予检修；
■ 当火警发生时，应立即通知所有在场人员找寻远离火源的通道撤离；
■ 在安全许可的情况下，尝试使用灭火器来扑灭火种；
■ 巡视火灾现场各室，确保所有人员均已撤离；
■ 撤离后在安全地点集合并清点人数；
■ 委派一名职员向消防员提供有关火警资料，并让消防员进入现场；
■ 如身上衣服着火，应立即躺下，以防火焰灼伤脸部，然后扑倒滚动，如能用湿毛毯包裹身体更佳；
■ 如不幸被困火场无法撤离，应选面向窗口或室外的房

D 家庭社会工作成效评估

间，将房门关上，用毛毯或衣物将门底空隙堵塞，防止浓雾渗入，再在窗前呼救；

■ 如遇火警，应指示服务对象切勿使用任何升降机；

■ 平日要做好预防火警措施，如勿在室内抽烟，熟悉逃生通道位置及消防程序，经常保持防烟门及逃生通道畅通，保持消防设备可随时使用；

■ 切勿储存过量易燃物品；

■ 如遇煤气泄漏，切勿开关任何电源以防爆炸；

■ 保持出口灯箱常亮；

■ 下班前或假期前，委派职员巡视单位，确保关闭不需用的电器电源及不遗留火种；

■ 按指定位置放置防火器材，勿私自移动；

■ 如在户外举行烧烤活动，须严加看管火源，离开时须确保灰烬彻底熄灭。

4.5 有效运用及调配资源

4.5.1 社工层面

前线社工需每年为自己的年度项目制定财务预算，这是非常重要的程序，因为只有拥有充足的财务预算，才能使活动正常运作。同时，编制预算不仅是对服务单位做出的交代，也可使受助人预计其可能获得的活动及服务。对用人单位而言，则可以提前了解所开展的项目情况，以决定其在财政资源方面对项目的支持程度。而机构在汇总所有前线社工所制定的财务预算后，可以对机构内部财务状况进行预算安排。因此，制定财务预算不仅是对不同服务单位的基本工作交代，而且也是社会服务的一项重要责任。

4.5.2 机构层面

作为推动社会工作发展的机构，除需解决行政方面的开支外，还需为自己聘用的前线社工在实务方面给予财政支持。即使用人单位已支付有关活动或小组的部分开支，但一些实务性开支，如大型活动、小组活动或户外活动所需的影音设备、活动过程中义工及前线社工的交通及膳食津贴、活动参与者的纪念品、处理危机个案时的交通费用等，并不能完全依靠用人单位予以支出。尽管机构可以通过与前线社工倾谈，商讨财务支出细则，避免不必要的费用，但机构仍需为自己制定清楚的财务预算，以供前线社工有效运用于项目工作。

4.6 社工与其他服务人员的培训及继续教育

社工机构需要为前线社工提供160个小时的培训时间（40个小时为民政部门的基础培训、120个小时为机构培训），并在合同期内全部完成。

● 新入职的社工培训内容
■ 用人单位简介及项目背景介绍等；
■ 社区的范围、人员构成和社区组织等；
■ 中心主要服务内容、服务特色、年度计划和专业分工等；
■ 机构及中心内部管理制度，包括考勤、督导制度、工作汇报、绩效考核、财务和物资管理等；
■ 中心值班安排、热线服务、服务计划书和评估书撰写等；
■ 项目及中心介绍、工作分配、工作考核等。

D 家庭社会工作成效评估

● 社工专业培训主题

■ 个案工作理论及技巧；

■ 各类服务对象的心理特征和应对方法；

■ 社会工作文书写作方法；

■ 个案和计划书撰写方法；

■ 小组理论及技巧；

■ 需求评估方法和研究报告撰写方法；

■ 社工自我成长和如何处理职业怠倦；

■ 家庭治疗理论和技巧；

■ 怎样运用和开发社会资源；

■ 团队管理与合作。

培训方式可以多样化，包括讲座、工作坊、参观学习或督导指导等，社工机构和督导团队需要根据前线社工的实际需要来设计培训计划和方案。建议每个社工团队建立内部朋辈辅导小组互相鼓励、交流督促、共同研习一些课题，并按实际工作情况为社工提供朋辈支持和指导。

家庭社工如何与不同人士建立合作关系

5.1 机构层面——与用人单位确立工作方向

目前，内地的社会工作均由社工机构派驻用人单位的社工开展。社工机构与用人单位之间，需要在既定的服务输出方面制定清晰的准则，这是二者建立基本信任关系的基础。机构的领导或督导，需定期到用人单位，就用人单位发展社会工作方面的情况及其所派驻的前线社工能否达到既定服务标准问题，与其部门主管展开面谈和沟通，从而增进彼此的互信，以促进社会工作、社会服务的长远发展。

E 家庭社工如何与不同人士建立合作关系

5.2 社工层面——主动了解用人单位的服务范围

新入职前线社工的首要工作，是清楚了解用人单位的服务理念、架构及基本运作模式。这样做，对其日后开展社会工作将会起到十分重要的作用。同时，用人单位与不同单位之间通常存在千丝万缕的联系，很多工作内容相近、相似甚至交叉，通过用人单位了解各相关单位的工作状况，有助于社工在工作中联络相关部门，寻求服务发展与资源整合的可能性。比如，通过与老人院、街道办等机构合作，社工可将服务整合于其在社区内举办的相关大型宣传活动之中，以便在整合资源的基础上使活动更加完善，同时还可借此建立起彼此的有效合作关系。

5.3 预定并设计项目

　　若要与其他单位或部门合作,提前明确项目工作的安排很重要。在与其他单位或部门合作过程中,明确活动安排与合作事项,需要不少行政沟通或会议交流,需用的时间有时是无法估量的。倘若预先初步订立项目内容,使不同部门在合作过程中有明确的合作目标与整合方向,显然可以提升他们相互的信任度。

F

小组活动分享

 **活动分享一：小组活动**

小组的游戏设计与带领

6.1.1 小组游戏对服务成效起着十分重要的作用

首先，游戏可以带出小组的主题；其次，通过游戏社工可以与组员建立起良好的互动关系，进一步了解组员的特性；最后，游戏还可以带动活动气氛，特别是在小组活动初期，往往起着"破冰"的作用。若要游戏达到预期的效果，设计合理是必不可少的。游戏的设计要与活动主题紧密相连，在小组开展时，游戏应该是与小组小节活动的主题相关的，目的是令活动得以顺利开展。例如，一个以夫妻亲密关系为主题的小组，可以设计一个使夫妻相互沟通的游戏，以使彼此反思相互的了解程度。

F 小组活动分享

6.1.2 游戏设计要考虑组员的特性

例如,一个以儿童为对象的小组,游戏最好是"动"的。一般涉及好吃或好玩的游戏比较受儿童青睐,而采用手工合作的体验性游戏则更能促进儿童合作意识的培养。相反,带领老人的小组,则要考虑老人的行动能力。亲子互动游戏,相对比较适合亲子类小组,这类游戏一般以孩子为主,因为在游戏中,家长往往都把注意力集中在孩子身上。

6.1.3 游戏时间要合理,每节一个游戏即可

一个游戏的时间,通常为15~20分钟,不要把精力过多地放在游戏上,这是因为游戏只是小组的工具而非小组的目的。在小组活动初期,游戏一般设置在开始环节,目的是吸引组员的参与,随后游戏则应穿插于小组活动中间,以舒缓组员的情绪。游戏应力求适合每一个组员,以保证他们都能参与进来。比如,在一个亲子类小组中有一些年龄稍小的孩子,那么设计时就应考虑让这些年龄小一点的孩子参与游戏的问题。

6.1.4 游戏的设计要考虑组员的安全

如果是户外小组游戏，则要充分考虑组员互动的安全性问题。亲子类游戏一定要有家长陪同，或者有义工或社工跟随。游戏要能给组员以足够的成功体验，即让组员获得正面和肯定的感受以使其体验自己的成功。如儿童相互合作的手工游戏，则需要通过组员完成手工来提升他们的自信心，若这种成功体验得不到满足，组员就会将注意力集中在失败上而非关注手工本身所体现的合作精神。

6.1.5 游戏最后要分享总结

游戏只是小组的工具，所以最后要设计一个分享环节，让组员把游戏中的感受表达出来。社工可以提前设计一些引导性问题，点出小组的主题，如亲子沟通小组，在开展定向运动的体验性游戏后，社工可问组员有什么感受，例如"如何顺利完成任务的"、"妈妈有没有鼓励你"，等等，以引

F 小组活动分享

导组员思考亲子之间是如何沟通的。

游戏设计好之后,游戏的带领者往往也会影响其所要达到的效果,其中包括以下要点。

■ 介绍游戏。介绍时,要让组员安静下来,扼要说明游戏规则,并解答组员的疑问,以保证每个组员都清楚游戏规则。

■ 树立组员对社工的信任。社工要熟悉游戏,语言要明快、活泼,思考清楚游戏中可能出现的细节,最好在开始试玩一次,给组员做一次示范。

■ 使每个组员都投入游戏。社工不仅要自己投入到游戏中,以其感染力带动组员参与,同时还要观察并关注每个组员。对于相对沉默的组员,应予以积极邀请,同时要避免令组员尴尬。如在一个涂鸦活动中,社工要避免说出"××,你画的很难看"之类的话语,而应多说一些肯定的话语,以鼓励和肯定组员。

■ 社工要站在每个组员都看得到的地方,方便观察组员在游戏中的表现,同时也让组员意识到自己是被重视的。

■游戏分组不一定要民主，可采用报数或按位置来分组，避免在分组上耗费过多的时间；同时，也要考虑每组组员的特性，例如在户外游戏中，有幼儿的家庭要尽量安排在一起，以便相互照应。

■带领游戏时，社工要考虑细节，避免争执。特别是在分组比赛游戏中，计分要清楚，避免计分不清晰而引发争执。奖励安排要尽量充分，如条件许可，可多预留一点获奖名额。

现时也不必一味追求民主，因为这样只会各执一词，无法判断结果。社工应该发挥机动性，灵活地做出反应。

■控制游戏进程。当游戏达到高潮时应适时停止，不要过分顺乎组员的意思而不停地玩下去，以免因组员失去兴趣或感到疲劳从而丧失游戏的效果。例如，儿童类小组玩的"大风吹"游戏，应在每一组员都当了一次"鬼"、介绍了自己后就停止，如果一直玩下去，儿童就会疲倦，那么刚刚调动起的气氛就会顿然低沉。

（深圳福田区默林阳光家庭服务中心一线社工余君兰女士提供）

F 小组活动分享

6.2 活动分享二：大型活动

大型社区活动注意事项

大型社区活动是社工在前线工作上经常开展的项目，相对于小组活动和个案，大型社区活动对社会工作的宣传效果更为明显。这是因为参与的人数越多，社工越容易接触及联系社区中的居民。由于大型社区活动大都在开放的环境中开展，而且参与人数众多、参与人群也不确定，因而场面往往比较混乱，容易出现一些突发状况，所以对带领社工的现场协调能力、危机处理能力等要求相对较高。以下就举办大型社区活动应注意的事项进行简要阐述，以供参考。

6.2.1 大型活动设计

大型社区活动的开展，需有一份详尽的活动计划书。首先，要清楚举办活动的目标；其次，所有的环节设计、活动效果及评估，都要围绕活动目标展开，因为目标不明确或太广泛，都会直接影响活动效果。所以，前线社工必须先做足事前准备工作，并预计活动能达到什么效果以及能给社区居民带来的服务。

在活动设计前，社工应亲自到活动现场勘察，了解现场的空间及面积、能容纳的人数、宣传工具的摆放位置、场地空间的划分、洗手间的位置及设备等状况。建议进行现场勘察的社工携带相机拍下现场图片，以便研究和思考场地布置及划分问题。值得关注的是活动过程中洗手间的问题，倘若忽视了这个问题，后果也是难以想象的。若参加活动的是小朋友，他们更可能需要经常上洗手间，如洗手间负荷不够或位置偏远，便容易造成混乱。若参与者是老人，则需要重点关注洗手间距离及位置问题。根据现场的实际情况来设计活动环节，是确保活动顺利进行的必要条件。

F 小组活动分享

6.2.2 活动经费

活动计划中要详细列明经费预算,并严格按照社工机构及用人单位的要求申请经费用途及金额,而且还应明确活动用品是否可以报销、特殊经费是否需要另行申请等问题,详细陈列经费预算并获得批准,是活动设计乃至活动实施的关键内容。

6.2.3 充足的前期准备

在完成一份详尽的计划书并得到相关主管部门的批准之后,便进入了活动前期准备阶段。前期阶段的准备事项主要包括宣传及招募工作、用品准备和采买、资料收集、义工招募及人员分工(如确定活动时需要的义工)、整合社区资源等。而突发情况的处理,如现场人数过多或者过少、活动当天的天气、现场参加者受伤等,也需要在前期准备过程中做出预案。比如,人数过多则要限制人数,人数少则要到人群密集的地方进行现场招募;遇到恶劣天气可将活动改到室内或推迟;准备药箱并学习简单的医疗知识;多招募些义工维持现场秩序并照顾有需要的人士，等等。前期准备工作做得越充足越详细，现场就会越有秩序、越容易掌控，使危险情况发生的可能性降至最低。

6.2.4 资源运用

举办大型社区活动需要有充足的人力。活动参与人数越多，场面就越难控制，仅凭一人之力是无法举办大型活动的。除有详细的计划和充足的前期准备外，还需要尽可能地调动集体的力量，而充分调动相关资源，尤其是同事资源、义工资源和社区资源等，无疑是举办大型活动的基本条件。虽然活动的主要负责人始终是前线社工，但其必须与同事合作以完成准备和现场工作，否则前线社工会因精疲力尽而影响活动效果。将工作分配给同事，往往能达到事半功倍的效果。因而，在活动开始前，社工需要与义工举行会议，讨论各自的分工和任务，让义工清楚地知晓活动流程及安排，并知道所需配合和工作交叉之处，令他们成为活动的得力帮

F 小组活动分享

手。社区资源的开发和运用对于举办大型活动同样重要，由于社区工作站更了解社区居民的特性及需求，能提供实际资源，如桌椅、板凳或场地等，因而在实际活动中，社工往往需要通过社区工作站去了解社区的基本情况，或与社区工作站联合开展一些有针对性的活动。深入社区开展工作，开发和运用社区资源，是社工取得居民信任、承接居民服务需求的必经之路。

6.2.5 活动评估及成效

在活动结束后进行充分评估，不仅能知道活动的效果，而且也能为日后举办同类活动总结可资借鉴的经验。通过综合活动意见及参加者反馈表，或随机抽查谈话，都是评估的有效方式。此外，采集同工从专业角度提供的评估意见，也是社工积累经验的重要途径。

（深圳福田区默林阳光家庭服务中心一线社工黎改业女士提供）

6.3 活动分享三：社区宣传

社区宣传活动事项

　　任何活动主题都需要迎合社区居民的需要，而宣传活动同样需要有合适的主题，因为宣传的内容是否恰当将直接影响宣传效果。若服务对象是一群外来务工人员，那么设计一些以适应环境、健康养生、压力排解、人际关系拓展等为主题的宣传活动，显然能得到他们的响应。在宣传过程中要一视同仁，应该让每一位参与者体会到大家都是平等的，切勿有身份地位之别。而宣传方式应有别于一般商业宣传，尤其是应该避免只是简单地分发宣传单张，而是应该加入一些特有的元素，如特色服装、工作证件、职员及义工穿着、公益海报、活动展架、互动游戏等；同时，在宣传时还应为群众讲解活动主题和内容。活动选址亦是宣传活动需要关注的重要事项。社工需根据活动主题及服务群体，有针对性地选

F 小组活动分享

址。例如，当服务对象是外来务工人员时，应选择离工厂较近、人流量较大的地方。如果服务对象是儿童，则应尽量选择住户较多的社区。所以，活动前的仔细踩点，包括社区人员结构、拟选场地的人流量等，都应该是主要关注的事项。

宣传需人手，因而分工明确也是其中的一个重大事项。在制订计划时，社工便要与同事协商和沟通，以免活动当天同事安排其他重要事项。与此同时，社工还应根据同事的优点和特长进行有针对性的分工。比如若某同事善于与领导沟通，便可安排其负责联系场地或接待等工作；若某同事擅长筹备物资，则应安排其负责物资采购，以便提高办事效率。此外，社工可在活动前召开会议，向义工详细介绍活动流程和内容，对工作进行具体分工，以便有效地发挥义工的作用。

（深圳福田区默林阳光家庭服务中心一线社工柯于煌先生提供）

6.4 活动分享四：社工团队建设

团队建设与管理须知

_____
_____
_____

管理学家罗宾斯认为，团队是由两个或者两个以上相互作用、相互依赖的个体为了特定目标而按照一定规则结合在一起的组织。

6.4.1 团队的目标

作为一个团队，最重要的是要有一个共同的目标。团队领袖在制定工作目标时，需考虑个别同事的能力，切忌好高骛远。只有由团队成员共同商讨、制定共同的目标，才可使成员齐心协力、不断进取。共同的目标是构建团队的脊梁，它可以将所有成员团结起来。

F 小组活动分享

6.4.2 团队的力量

尽管人是构成团队的基本力量，但团队中却需要有一名积极可信且被众人认同的领袖。较强的人际沟通和资源整合能力，是领袖人物所要具备的基本个人素质和能力。而非凡的个人魅力和领袖气质，不仅可以提高团队成员的个人能力，而且也是带领团队克服困难、不断进取的先决条件。除保证团队有效工作外，领袖更要为团队成员做好各项保障工作，比如保障组员的福利待遇等。国内社工行业还处在发展的初期，社工团队成员大部分是新近毕业的学生，尽管其具备专业理论知识，但其积累前线工作经验尚需假以时日。不同团队的成员具有不同的文化背景和处理事情的角度，而每个团队都应该有一种独特的文化精神。统一的文化不仅是团队向心力、凝聚力的重要支撑，而且是组建团队的意识形态内核和行动标杆。"团队"二字，从文字组成上来看，是非常精妙的，两字分别包含了"口"和"耳"及"才"和

"人"。因而所谓"团队",就是将不同的"人才"聚集在一起,而令彼此用心聆听及积极沟通,是组成团队的基本条件。

6.4.3 团队的定位

目前,前线社工尚处于多头管理状态,机构将前线社工派驻到不同的用人单位,前线社工除是社工机构的成员外,也是用人单位、民政局、社协(社会工作者协会简称"社协")、街道中心设立点等机构的人员,且是不同部门的主管监管。因而,前线社工先要明确自身定位,在对所属单位或服务中心有归属感的前提下,推进部门之间的团队合作。

(深圳福田区默林阳光家庭服务中心一线社工赖妍霖女士提供)

典型个案

7.1 个案范例

7.1.1 个案背景及介入

1. 接案途径

案主阿莲(化名)亲身到访,向一个家庭服务中心求助。

2. 案主的基本信息

案主阿莲,女,27岁,已婚,育有一子。

3. 案主问题表征

案主发现自己的丈夫有外遇,其丈夫也承认此事,但仍与第三者藕断丝连,案主感到不胜其烦。另外,案主的积蓄不多,虽然对丈夫的婚外情既愤又恨,但无奈自己的积蓄和能力并不足以维持离婚后的生活,因而感到前景十分迷惘,不知道未来的生活该做如何安排。于是前来家庭服务中心求助。案主求助的主要目的是:

G 典型个案

- 离婚咨询及查询申请程序。
- **舒**缓心理压力与内心的矛盾挣扎。
- 围绕离婚与否，寻找出路。

4. 介入目标

● 短期目标

- 在介入过程中，实时舒缓婚外情问题对案主造成的情绪冲击。
- 直接疏导案主的情绪，并收集相关资料。

● 长期目标

- 与案主详细分析事件，协助案主明白并肯定离婚决定。

■ 讨论夫妻双方对婚姻关系的长远安排，帮助案主寻找个人资源和优势，促进其自我价值的提升。

■ 讨论夫妻双方在离婚后对儿子生活的安排，让他们明白如何维系父母与儿子之间的关系，降低离婚决定对儿子所造成的伤害。

5. 介入策略

优势视角超越了社会工作的传统理论模式，是由美国堪萨斯大学社会福利学院教授Dennis Saleebey的《优势视角：社会工作实践的新模式》一书中首先提出的思想。优势视角(strength perspective)是一种关注人的内在力量和优势资源的视角。这意味着应当把人们及其环境中的优势和资源作为社会工作助人过程中所关注的焦点，而非关注其问题和病理。在本个案中，社工所关注的是案主阿莲的个人优点和内在、外在资源，在发现她自己优势的过程中协助其重新面对生命中的挫折和不幸。

G 典型个案

在本个案中,社工并没有鼓励阿莲专注或集中于离婚问题,而是把眼光投放在了做出离婚决定以外的其他可能的选择方面。倘若离婚是痛苦的且是不可能的,辅导过程就应注意引导阿莲寻找其他希望和转变的契机。通过发掘阿莲的潜力,社工发现其在经商方面具有一定的知识以及聪明和勤奋的天性、坦诚友善的性格等,这些不仅是其充分利用个人力量达成自立自强目标和愿望的良好基础,而且也是其找寻同伴在前进道路上互相扶持的基本条件。

罗杰斯的人本主义治疗理论是本案的又一个重要介入策略,即在案主自尊心、自信心极其低落之时,社工本着真诚、尊重的态度,无条件地温情接纳案主,并以同理心设身处地地从案主的立场看待和感受其所遭遇的问题。其人本主义治疗理论的思想基础是,人都是顺着自我成长的方向最终完成自我实现的。立足于这一认识,社工从优势视角理论出发,将个案辅导目标界定为帮助案主重新振作,促使其在痛苦挣扎中找到人生的出路。

7.1.2 个案分析及进展

社工和案主进行了6次面谈,每次面谈大约1小时15分钟,通过与案主的接触,社工对其情况展开了系统分析。

1. 案主的优势

●重视家庭

从访谈中得知,案主十分重视家庭、疼爱儿子,与儿子关系良好。她重视家庭的联系性,认为离婚不单只是两人的事,而是整个家庭的事,她对家庭的责任感很重。此外,案主明白虽然当前已不能再维持夫妻关系了,但两人永远是儿子的父母,不想因此影响儿子的成长。

●愿意分享及表达感受

案主个性随和且善良,十分愿意分享她的事情并表达她的情感;案主坦诚、开放的表达态度和行为让她的情感很快得以舒缓。

G 典型个案

● **愿意做出改变**

案主十分重视面谈,每次谨记与社工的约见时间,从不爽约。社工与案主就核心问题进行了多番探讨,而且也就案主与丈夫离婚的一些想法做了分析和解构,案主十分希望从中寻找到改变的方法。经社工邀请,案主在辅导期间参与了妇女互助小组,以期在小组中有所获益。案主表示她十分喜欢参与小组,小组的成员都是已婚妇女,有些甚至经历过离婚。案主在小组过程中,不仅获得了共鸣,而且也得到同路人的支持和鼓励。

● **发掘家庭支持网络**

在面谈过程中,社工与案主分析了她的家庭网络和支持系统。案主的娘家也知道其丈夫外遇一事,其家人对案主的情况表示体谅。另外,案主的亲姐姐是专业人士,家境不错,可以在案主紧急时伸出援手。案主的家人曾叫案主搬回娘家居住,因此即使案主离婚,居住也不会成为太大的问题。

2. 案主的问题

●面对丈夫的矛盾心态

虽然案主表示想与丈夫沟通，但想到丈夫如此对待她，就感到心灰意冷。案主表示因丈夫逃避现实，不肯正面与她处理问题，令自己对丈夫表现出消极态度，她据此认为两人的感情已无法挽回。言谈间，案主多次强调丈夫是她爱的第一个男人，所以在抉择离婚的关口尚感到矛盾。

●是否要做出离婚决定

虽然案主一直表示自己和丈夫的感情已无法挽回，也表示丈夫不会与第三者分开，但丈夫始终没有提出过与案主离婚，依然希望与案主维持完整家庭，并承诺与第三者减少见面。在辅导过程中，社工协助案主明白了双方的关系及形势，即既然她不想放弃家庭，那当丈夫还未表态时，案主不必急于做决定，以便为挽回与丈夫的婚姻保留机会。

G 典型个案

3. 案主在面谈中的改变

● 心态上的转变

从第一次访谈到最后一次面谈，案主的心态转变了很多。在第一次访谈时，案主面对丈夫有外遇的情况尚不知所措，也会责怪自己，认为自己应对这件事负责；但案主并不懂得处理自己的情绪，每天在痛苦中生活，甚至有逃避现实的现象。同时，案主对丈夫表现出极度不信任，经常查看他的QQ记录或上网记录，但这样却令自己感到更加痛苦。经过数次面谈，案主表示现在已不再因为丈夫外遇一事而活在痛苦之中了；相反，她把自己的精力都放在了专心照顾儿子上，以此让自己生活有所寄托。在为自己打算的同时，也不会与丈夫或第三者发生冲突或单方面胡思乱想了。

● 对未来打算的转变

在第一次访谈时，案主经常提及"不知点算"（不知道该怎么办）。当时她对未来感到一片空白：首先，自己没有经济来源维持离婚后的生活；其次，不舍得抛下家庭及儿子一走了之。当时案主完全不知道该怎么办，对未来充满了无力感。经过数次与社工面谈后，案主对未来有了些打算：首先，她表示不会急于离婚，给自己半年时间观察情况，然后再做决定；其次，她也做了最坏的打算，想好了离婚后的生活，表示从现在开始存点钱，预备离婚后的用度。

● 自我价值的转变

第一次面谈时，案主的自我价值感十分低落。她认为丈夫有外遇，对她来说是丧失了做女人的尊严，觉得自己一无是处，看不到自己的长处及优点。但在最后两次面谈时，案主的自我价值感明显提高：一方面，她已经初步确立了自己的生活方向，基本能分清其婚姻关系问题上的孰是孰非；另一方面，通过参加互助小组，案主得到了同路人的鼓励和支持，从而在很大程度上改变了自我价值观。

G 典型个案

7.1.3 目标达成度

在短期目标方面，案主的情绪已得到舒缓，在每次向社工表述事情经过、反思自己的感受时，都能获得新的看法。

在长期目标方面，社工协助案主深入地分析了事件，引导她从短期和长期两方面确立了自己的发展目标及行动步骤；帮助案主寻找到了自己的优势资源；通过参与小组活动，案主的自我价值感得到了提升；协助案主做出冷静观察、暂不离婚的决定；社工还为案主提供了相关法律咨询，让她掌握了更多信息，以帮助案主选择未来的生活。

7.1.4 社工运用的技巧

在每次面谈时，社工都抱着极大的同理心，力求与案主建立信任关系。当案主情绪不稳定时，社工能实时地进行情绪介入，以舒解案主的情绪。案主认为，社工是一位很好的倾诉对象，能让她抒发自己的情感。社工在面谈过程中还运用了一些具体化的技巧，尤其是通过提出为何、如何、何时、何地等问题，使案主对事情的认识和理解从抽象、模糊逐渐变得清晰。当社工发现案主的认识存在很多矛盾时，更是实时地引入面质及澄清技巧，解决了案主的心理矛盾。

在案主极度彷徨无助时，社工恰当地引入了优势视角策略，引导案主发掘出自身优势，使案主重建了自信心，并在一定程度上修复了处理问题的能力。尽管案主表示社工没有必要介入其与丈夫之间的关系问题，但社工认为他俩既然还在同一屋檐下生活，重建案主与其丈夫的沟通还是必需的，因为婚姻毕竟是两个人的事情，不管离婚与否，夫妻双方都应保持良好的沟通，但遗憾的是在整个个案辅导过程中，社工始终未能接触到案主的丈夫，未能介入案主与其丈夫之间的关系，只是向案主介绍了一些与丈夫相处的技巧。

7.1.5 督导意见

离婚与外遇，是家庭服务中心最常见的个案类型。每当碰到案主气冲冲地前来、呼天抢地地痛哭着申诉婚姻的痛苦时，社工均有帮助案主尽快解决问题的冲动，以至太快给案主一些处理问题的意见。因而督导建议，当遇到这类个案时，社工一定要保持冷静。只要个案不涉及暴力问题，而只

G 典型个案

是单纯的外遇问题或是离婚困扰，社工要做的就是先安抚案主的情绪，以避免案主在混乱和迷惘的情绪主导下做出非理性的决定。这是因为凭着一时冲动而做出的离婚决定，很可能伤及无辜，尤其是可能伤及无辜的儿童。让夫妻冷静下来好好沟通，而不是将孩子当成双方利益争执的筹码或争强斗气的牺牲品，是处理这类个案的根本立足点。

通常的情况是，在离婚个案中，夫妻双方实际上还是有一定的谈判空间和沟通协调的可能性的，有些甚至不乏婚姻关系改善的机会。因而，在个案辅导过程中，社工应尽力帮助案主发掘其优势和资源，协助其重新审视形势并学习一些沟通技巧，看看能否寻找到一些新的出路。同时，社工应时刻警惕自己的价值观是否与个案存在冲突，这是因为有些社工往往会因偏向于维护家庭的完整性，而竭力促成已经破裂的婚姻关系勉强维持；有些社工甚至会因偏向个人主义而在遇见案主在婚姻关系中受到伤害时，便急于促成其做出离婚决定。事实上，这两种极端的方式都是不可取的。在介入这类个案时，社工首先应该明确的立场是，社工不是婚姻或感情问题的判断者，而是坚持中立立场的协调者。尊重案主做出决定的权利是社工必须坚持的首要原则。

7.2 小组范例

小组名称：让我们共同走过——妇女自强互助小组
小组类别：发展性、互助性
小组目的：增强组员的自信心，提升其解决问题的能力

● 小组目标
- 通过"助人自助、自助助人"的小组活动，引导组员提升自我认知能力；
- 提升组员解决问题的能力；
- 帮助组员学习情绪管理；
- 帮助组员学习沟通技巧，建立属于她们的互助支持网络。

● 小组内容
- 认识小组和组员；
- 通过游戏和社工讲解，令组员了解人与环境的关系，对"改变"有新的认识；
- 通过游戏和分享，令组员了解自我，从成功经验中总结和了解自己的优势；

G 典型个案

■ 通过案例，让组员学习理性情绪理论；
■ 学习有效的沟通技巧。

● **节数**
共6节。

● **时间**
2010年7月13日开始，每周1节。

● **场地**
妇女儿童活动中心，某个房间，有沙发、茶几，环境幽雅、清静。

每节初步内容

第一节

主题：认识小组和组员

目标：

■ 让组员互相认识，促进组员间的互动和分享，建立信任关系。
■ 与组员一起讨论制定小组活动目标和小组活动规则。

表7.1为活动安排。

表7.1 活动安排

时 间 (分钟)	内 容	备 注	材 料
15	破冰游戏：寻找相同的人	每人发一张白纸填上姓名、感兴趣的事、喜欢吃的水果或喜欢的颜色、几个孩子等，然后让每个组员读一遍自己填写的内容；工作员可以让组员找到与自己有相同点的人以便记住对方	印有表格的白纸
15	写心愿卡	向组员派发心愿卡片请组员写上她们对小组的期望，然后请组员把心愿卡片贴在工作员设计的心愿树上；让组员讲述及分享她们对小组的期望	心愿卡、双面胶、心愿树
15	讨论、制定小组目的、规则		精美小笔记本8本
作业：感恩本——每周至少写下一件值得感恩的事情，小组结束后对写满5件感恩事情的组员进行奖励			

G 典型个案

第二节

主题:相信改变是可能的

目标:

- 让组员了解人与环境之间的关系。
- 对"改变"有新的认识,树立积极的生活观。

表7.2 活动安排

时 间 (分钟)	内　　容	备　　注	材　料
10	热身游戏		
30	游戏:"古语新释"	每人抽一张写有古语的卡片,解释这句古语,并举一个生活中的例子	写有古语的卡片
10	社工讲解"改变"	改变的对象:环境、他人、自己的能力、自己的心态	
10	都市情景剧:社工讲一个故事,组员讨论解决办法		
5	社工总结		
作业:做一件"改变"的事情(改变的对象任选),下节小组活动时和他人分享			

143

第三节

主题：我的成功之处

目标：了解自己的成功经验有哪些。

表7.3 活动安排

时　间 （分钟）	内　容	备　注	材　料
5	分享上节的作业		
5	热身游戏："水的故事"		《水的故事》
5	分享游戏感受（社工带出"抓住幸福，逃避痛苦"主题）		
10	游戏：成功的往事	每人写3件自己已经成功办到的事情，再写3件没有办到或者想要去办的事情	A4白纸、双色笔
20	思考和分享： 1. 为什么成功了？ 2. 自己和他人有哪些成功的经验？		
15	游戏："我有，我可以"	每人轮流说"我有……，我可以……"，若回答不上来，可由旁边的人帮忙	
5	社工总结：每个人都是独特的，有自己的优势，都有潜力		

作业：向3个人询问她们对自己的正面评价（中肯的称赞之词），记录在笔记本上

G 典型个案

第四节

主题：我的情绪我做主

目标：认识情绪，学会管理自己的情绪。

表7.4 活动安排

时间（分钟）	内 容	备 注	材 料
5	分享上节的作业		
10	热身游戏："你比我猜"	2人一组，一人按照卡上词语做表情，另一人猜	写上情绪的卡
5	游戏："联想大比拼"	分2组，写出由"情绪"联想到的事物	大白纸2张、记号笔2支
10	讲解： 1.情绪是什么？ 2.情绪是如何产生的（理性情绪理论）？		
15	交流： 1.我曾遇到过什么事情，有何感受，后来怎样变化？ 2.自己管理情绪的方法有哪些？		
20	总结并讲解：情绪管理方法	1.转移注意力； 2.倾诉； 3.理性情绪疗法（结合此前组员说的例子）	
10	总结：情绪是正常表现，我们要做的是发现自己的情绪及产生的原因，管理自己的情绪		
作业：做一件帮助他人或者令他人感到开心的事情，记录自己的感受，观察他人的表情和行为反应			

第五节

主题：学会有效沟通

目标：
- 认识互助支持网络的重要性。
- 学会有效沟通的技巧。

表7.5 活动安排

时间（分钟）	内容	备注	材料
10	热身游戏："官兵捉贼"		
20	1. 分享上节布置的作业； 2. 社工引出建立互助网络的重要性及沟通的重要性	参加者彼此分享过去一周与外界的联系	
20	沟通游戏："沟通之塑形"		硬卡纸
10	沟通游戏："撕纸"	给每位参加者发一张白纸，社工发出单项指令：大家闭上眼睛、全过程不许问问题、把纸对折—再对折—再对折—把右上角撕下来—转180度—把左上角也撕下来，睁开眼睛，把纸打开；社工可以请一位学员上来，重复上述的指令，唯一不同的是这次学员们可以问问题，让参加者明白双向沟通的重要性	人数双倍的白纸
	社工总结沟通要素： 1. 表情； 2. 肢体动作； 3. 语言（双向沟通）		
作业：每人手工制作一份纪念品			

G 典型个案

第六节

主题:再见亦是朋友

目标:

■ 回顾在小组中的收获。

■ 巩固个人在小组中的成长。

表7.6 活动安排

时间 (分钟)	内容	备注	材料
10	热身游戏:"诺亚方舟"	1. 每两个人为一组,每组分别报出自己的动物名; 2. 带领者说:"我是诺亚,今日进方舟,××动物跟我来(被喊的动物跟在诺亚后面)……洪水来啦!" 3. 当诺亚喊"洪水来啦!"时,所有动物都要抢快坐在椅子上,未能坐下的动物便要担当诺亚的角色,而原先的带领者则取代其动物的身份	
15	游戏:"贴标签"	每人写上形容他人的词语,贴在他人身后	标签纸、笔
25	分享:自己在小组中的收获和感受		
5	互赠纪念品	将组员手工制作的纪念品编号,每人抽取一个号码,即得到相应的纪念品	号码条
10	社工总结		
	填评估问卷、(合影)		1. 小组满意度评估表; 2. 组员自我评估问卷(待制作)

● 小组评估方法
■ 结果评估——组员个人评估表(前后测量);
■ 过程评估——社工观察;
■ 服务对象满意度调查问卷。

● 小组预期成效
■ 自我认知能力和解决问题的能力得到提升;
■ 了解情绪管理方法;
■ 形成互助支持网络。

● 成效指标
■ 组员对"自我认知"评分的前后测量;
■ 组员对"解决问题的能力"评分的前后测量;
■ 组员对"了解情绪管理方法"评分的前后测量;
■ 组员对"形成互助支持网络"评分的前后测量。

● 财务预算

表7.7 财务预算

项 目	开 支(元)
游戏物资	200
茶点	280
礼品	120
合计	600

附录 与家庭服务相关之法律法规

《中华人民共和国妇女权益保障法》
《中华人民共和国婚姻法》
《中华人民共和国婚姻登记管理条例》
《中华人民共和国收养法》
全国妇联等七部委联合制定的《关于预防和制止家庭暴力的若干意见》
《中华人民共和国老年人权益保护法》
《中华人民共和国母婴保健法》
《中华人民共和国传染病防治法》
《婚姻登记条例》
《中华人民共和国劳动法》
《失业保险条例》
《工伤保险条例》
《中华人民共和国劳动合同法》
《女职工劳动保护规定》
《中华人民共和国未成年人保护法》
《中华人民共和国预防未成年人犯罪法》
《中华人民共和国残疾人保障法》
《关于加强孤儿救助工作的意见》
《法律援助条例》
《城市居民最低生活保障条例》
《灾害应急救助工作规程》
《中华人民共和国人口与计划生育法》